Winfried Seimert · Telearbeit

Winfried Seimert

Telearbeit

Was Chefs und Mitarbeiter wissen müssen

Die Deutsche Bibliothek – CIP- Einheitsaufnahme

Seimert, Winfried: Telearbeit : was Chefs und
Mitarbeiter wissen müssen / Winfried Seimert. –
Wiesbaden : Gabler, 1997
ISBN 3-409-18883-5

Lektorat: Sabine Bernatz

Der Gabler Verlag ist ein Unternehmen der Bertelsmann Fachinformation GmbH.

http://www.gabler-online.de

Printed in Germany
Umschlaggestaltung: Schrimpf und Partner, Wiesbaden
Satz: Alinea GmbH, München
Druck und Bindung: Wilhelm & Adam, Heusenstamm

ISBN 3-409-18883-5

Meinen Eltern,
in dankbarer Erinnerung

Vorwort

Die Telearbeit erfährt erst in der jüngsten Vergangenheit, obwohl seit schon fast zwei Jahrzehnten bekannt, ein reges Interesse in der öffentlichen Diskussion. Das große Interesse und die Vielzahl an Planungsaktivitäten sprechen klar dafür, daß Telearbeit in naher Zukunft zu einem wichtigen Thema in bezug auf Organisations-, Flexibilisierungs- und Strategiekonzepte wird. Denn eines ist sicher: Die führenden Industrienationen stehen an der Schwelle zur Informationsgesellschaft. Das Leben des Einzelnen sowohl am Arbeitsplatz als auch im Arbeitsleben wird sich in absehbarer Zeit durch die Informationstechniken vermutlich in gleicher Weise verändern wie Jahre zuvor durch die industrielle Revolution.

Die Telearbeit wird dabei eine zentrale Rolle spielen. Das mag auch nicht verwundern, denn die Beschäftigungsmöglichkeiten für Telearbeiter sind äußerst vielseitig. Die Palette reicht von regelmäßiger abhängiger Beschäftigung in häuslicher, über einen regelmäßigen Wechsel zwischen Heimarbeit und Bürodienst (sogenannte alternierende Telearbeit), bis hin zu ortsunabhängiger Beschäftigung auf freiberuflicher Basis.

War Telearbeit bislang eher in Großbetrieben anzutreffen, ermöglicht es der rasche technische Wandel auch zahlreichen kleineren und mittleren Unternehmen und vor allem den Freiberuflern, diese Arbeitsform zu nutzen.

Dieses Buch wendet sich an alle, die sich mit dem Phänomen „Telearbeit" beschäftigen wollen oder vielleicht auch müssen. Es richtet sich an bereits aktive Telearbeiter und solche, die es werden wollen. Selbständige werden ebenso angesprochen wie diejenigen, die von zu Hause aus für ihre Firma tätig sind. Aber auch Unternehmen und insbesondere das Management finden hier das notwendige Wissen.

Nicht selten wird der Telearbeiter vor Situationen gestellt, die ihm bisher unbekannt waren. Er benötigt eine Reihe an Kenntnissen und Fähigkeiten in recht unterschiedlichen Bereichen. So sollte er sich in Dingen der Betriebswirtschaft, des Marketings und in Rechtsangelegenheiten ebensogut auskennen wie in der EDV. Wissen, das er sich zum Teil nur mit viel Mühe und Aufwand aneignen kann. Er ist mit ständig neuen Fragen und Problemen beschäftigt, auf die er als Praktiker vorbereitet sein will und muß.

Das vorliegende Handbuch will aus diesem Grund nicht nur einen Ein- und Überblick oder eine weitere Abwägung des Für und Wider der Telearbeit bieten. Vielmehr soll es Handlungsanleitung und Ratgeber zugleich sein. Sie finden hier an einem Ort alles, was für eine erfolgreiche Telearbeit hilfreich und erforderlich ist.

Für die zahlreichen Anregungen und tatkräftige Unterstützung möchte ich an dieser Stelle meinen Dank sagen, insbesondere an Frau Inge Hölzl, Bonn, der Cheflektorin Frau Ulrike M. Vetter und meiner Lektorin Frau Sabine Bernatz, Gabler Verlag Wiesbaden.

Würzburg, im Juni 1997 Winfried Seimert

Inhalt

Telearbeit – Arbeitsplatz der Zukunft?

In diesem Kapitel erfahren Sie, was Sie über Telearbeit wissen sollten. Neben einem Situationsbericht werden Ihnen die Chancen, Ziele und Probleme aufgezeigt, die mit der Telearbeit zusammenhängen. Schließlich werden Sie mit den verschiedenen Formen der Telearbeit vertraut gemacht.

Telearbeit – ein (noch) ungewöhnlicher Weg

Die Angaben hinsichtlich der Verbreitung der Telearbeit sind recht unterschiedlich, nicht zuletzt deswegen, weil es keine einheitliche Begriffsdefinition der Telearbeit gibt. Trotzdem sollte die modernste aller Arbeitsformen nicht vernachlässigt werden. Welche Möglichkeiten sich gerade für den Arbeitsmarkt und damit für die Beseitigung der sich gegenwärtig auf Rekordhöhe befindenden Arbeitslosigkeit ergeben, zeigen die bisherigen Entwicklungen. Nach einer Studie des Bundesministeriums für Forschung und Technologie (BMFT) existierten 1984 nach unterschiedlichen Quellen zwischen ca. 170 und 4.000 Telearbeitsplätze in Deutschland. Nur zehn Jahre später, 1994, ging man bereits von ca. 70.000 aus. Zählt man alle Varianten der Telearbeit dazu, so wird man von etwa 200.000 Telearbeitsplätzen in Deutschland auszugehen haben, wenngleich das Forschungsministerium aktuell von nur etwa 30.000 Telearbeitsplätzen spricht. Nach Ansicht einer von der Bundesregierung beauftragten Arbeitsgruppe des Zentralverbands der Elektroindustrie (ZVEI) und des Verbands der Deutschen Maschinen- und Anlagenbauer (VDMA) besteht in Europa ein Potential von rund 2 Mio. Telearbeitsplätzen, wovon sich allein bis zum Jahr 2000 die Anzahl der Telearbeiter in der Bundesrepublik Deutschland auf rund 800.000 Erwerbstätige erhöhen soll.

Aber selbst in den USA, dem Ursprungsland der Personal Computer, herrscht Unklarheit über das Verbreitungspotential. So soll es nach einer Untersuchung des Marktforschungsinstitutes Link Resources 1993 rund 7,6 Mio. Telearbeiter gegeben haben. Darüber hinaus sollen weitere 9,2 Mio. US-Bürger die Telearbeit als Nebenerwerbsquelle nutzen. Für das Jahr 2000 prognostizierten amerikanische Zukunftsforscher gar, daß rund 40 % der US-Bürger zu Hause arbeiten würden. Inzwischen wurde diese sehr optimistische Prognose auf realistische 10 – 15 % revidiert.

So unterschiedlich die Zahlen auch sein mögen, sie zeigen doch eines: Die Entwicklungen auf dem Telekommunikationssektor werden in den nächsten Jahren eine Reihe von Veränderungen in der Arbeitswelt bringen.

Zwar könnte Telearbeit heute schon in vielen Betrieben mit geringem Aufwand eingeführt werden. Jedoch denken nur gut ein Viertel dieser Firmen „konkret" über die Einführung von Telearbeit nach. Die Gründe dafür sind vielfältig. So befürchtet etwa die Mehrzahl der befragten Arbeitgeber Probleme bei der Führung und Kontrolle, die Mehrzahl der befragten Arbeitnehmer dagegen sehen die Gefahr der sozialen Isolation. So ist es auch nicht erstaunlich, daß es seit Jahren in der Bundesrepublik Deutschland erst ca. 2000 Telearbeitsplätze gibt. Davon sind 15 % als reine Telearbeitsplätze angelegt, 26 % in alternierender Form und 21 % fallen auf die Satelliten- und Nachbarschaftsbüros.

Dies wird und muß sich ändern. Die Telekommunikation wird das beherrschende Thema und die Herausforderung der nächsten Jahre sein. Die nackten Zahlen sprechen für sich: So schätzt man, daß bis zum Jahr 2000 das Umsatzvolumen dieses Sektors auf 400 Mrd. Mark und der Anteil am weltweiten Bruttosozialprodukt auf gut 2,5% steigen wird. Eine besondere Rolle wird dabei das Internet spielen. So gab es 1995 schätzungsweise 25 Mio. Internetnutzer. Diese Zahl dürfte sich im Jahr 1996 mehr als verdoppelt haben. Die Nutzer des Internet können gegenwärtig auf schätzungsweise rund 2,4 Mio. kommerziell genutzte WWW-Seiten Zugriff nehmen und diese Zahl steigt täglich an.

In Deutschland wird diese Form der Informationsbeschaffung jedoch noch selten genutzt. Lediglich 3 % der deutschen Haushalte verfügen über einen Zugang zu einem Onlinedienst und damit zum Internet. Verglichen mit den 16 % in den USA oder gar den 30 % in Frankreich, besteht hierzulande noch ein riesiger Nachholbedarf und eine Herausforderung für den Wirtschaftsstandort Deutschland.

Wie groß der Nachholbedarf und damit das Potential ist, zeigen aber auch die Zahlen der aufgestellten PC. Deutschland ist im internationalen Vergleich noch Entwicklungsland. Lediglich 19 PC auf 100 Einwohner sind in der Bundesrepublik installiert. In den USA kommen bereits 39 PC auf 100 Einwohner (Stand: Mitte 1996). Aber auch im europäischen Vergleich stehen wir nicht besonders gut dar. In der benachbarten Schweiz verfügen bereits 43 % aller Haushalte über einen PC.

Die neuen Informations- und Kommunikationstechnologien haben auf der ganzen Welt bereits eine neue industrielle Revolution eingeleitet, die in ihrer Bedeutung und Tragweite dem Übergang von der Agrar- zur Industriegesellschaft nicht nachsteht. Hier entsteht eine geradezu revolutionäre Herausforderung für die Entscheidungsträger der großen und kleinen Unternehmen, aber auch für den Selbständigen und Freiberufler.

Telearbeit ist allerdings kein Allheilmittel für alle Probleme unserer Zeit oder gar eine Wunderwaffe, sondern lediglich eine andere Arbeitsform. Aber eine solche, die es in sich hat und die in den nächsten Jahren unser berufliches Leben gewaltig verändern wird. Digitale Arbeitsplätze werden eine ernstzunehmende Beschäftigungsform werden, die nicht mehr als Hirngespinst futuristischer „Online-Freaks“ abgetan werden kann.

Benötigte Infrastruktur

„Virtuell arbeiten“ – so lautet die Zauberformel für eine neue Arbeitswelt. Begriffe wie virtuelle Büros, virtuelle Projekte, virtuelle Unternehmen und virtuelle Mitarbeiter geistern durch die Medien. Die Begriffe decken einen weiten Bereich neuer Arbeitsformen ab, die die Telekommunikation als ein Werkzeug benutzen.

Während sich die verschiedenen Formen der Telearbeit hierzulande nur langsam durchsetzen, gehören „virtuelle Büros“ in den USA bereits zum Alltag. Dort ist es üblich, daß Außendienstler ihre Tätigkeit in ein „virtuelles Büro“ verlegt haben. Dieses besteht aus einem Notebook, einem tragbaren Drucker, einem Faxmodem und einem Funktelefon. Die Erfahrungen in Amerika sind durchaus positiv. Der Berufsverkehr und damit auch die Staus haben abgenommen, es wird viel weniger Bürofläche in den Ballungszentren benötigt und es fiel auf, daß sich die Fehl- und Krankheitstage um gut 25 % verringerten.

Diese Art zu arbeiten wird auch in Deutschland in den nächsten Jahren zunehmen. Der steigende Kostendruck zwingt zu mehr Bewegung, zu mehr Flexibilität. Ausschlaggebend für einen Durchbruch der Telearbeit wird aber sein, inwieweit die Voraussetzungen für eine effiziente Telearbeit geschaffen werden können.

Dazu werden folgende Aspekte relevant sein:

- Die Bereitstellung weltweiter Kommunikationsnetze mit hoher Leistung (Datenautobahn) zu relativ niedrigen Kosten,
- Eine deutliche Ausweitung des Angebots an Standard- und Anwendungssoftware mit einfacheren Bedienungsprozeduren,
- Multimediale Anwendungen, die durch Verknüpfung unterschiedlicher Informationsquellen, Anwendungsfelder und Technologie neue Formen des Informationsaustausches erlauben,
- Offene, verteilte Systemarchitekturen zur Erhöhung von Flexibilität und Anpassungsfähigkeit der Informationssysteme an sich ändernde Anforderungen.

Allerdings stoßen die neuen Unternehmensformen nicht nur auf uneingeschränkte Begeisterung. Nicht wenige Arbeitsmarktexperten weisen auf die vielen ungelösten soziologischen und sozialen Fragen hin. Manager sehen Probleme bei der Führung und Kontrolle. Dazu kommen Unsicherheiten hinsichtlich der rechtlichen Situation.

Davon sollte sich der zukünftige Telearbeiter jedoch nicht abschrecken lassen. Die Möglichkeiten, die sich ihm bieten, sind einfach zu vielfältig und gut.

Vorteile der Telearbeit

Der schnelle Informationsaustausch mit Hilfe der neuen Kommunikationstechnologien bietet Arbeitnehmern, Arbeitgebern und selbständigen Unternehmern eine Reihe an Vorzügen, die letztendlich der Telearbeit auch in Deutschland zum Durchbruch verhelfen werden. Bei keiner anderer Arbeitsform treffen nämlich die Vorteile für die einzelnen Mitarbeiter und die Vorzüge für die Unternehmer gleichermaßen zusammen.

Vorteile und Chancen aus Sicht der Arbeitnehmer

Die Vorteile der Telearbeit liegen vor allem in der Verkehrsverminderung, der Eingliederung von Frauen sowie sozialer Randgruppen (z. B. Behinderter) in den Arbeitsprozeß wie auch in einer wesentlich freieren

Arbeitszeitgestaltung, der Reduzierung bzw. Wegfall an Fahrtkosten sowie einer besseren Vereinbarkeit von Familie und Beruf.

Zeitersparnis und Kostenvorteile

Einer der bemerkenswertesten Vorteile ist die Einsparung an Fahrtzeit und -kosten. Dies läßt sich am besten anhand eines Beispieles aufzeigen:

Die durchschnittliche Entfernung zur Arbeitsstätte beträgt in der Bundesrepublik Deutschland 20 km. Dazu benötigt man angesichts heutiger Verkehrsverhältnisse mit dem PKW im Mittel rund 45 Minuten. Bei Annahme einer 5-Tage-Woche entstehen allein 30 Stunden Zeitgewinn im Monat, also fast eine ganze Arbeitswoche. Noch beeindruckender sind die Kostenvorteile: Der Teleheimarbeiter spart an Fahrtkosten 140,– DM die Woche (0,70 DM pro Kilometer), im Monat also rund 600,– DM.

Höhere Motivation

Vor einigen Jahren untersuchte das Psychologische Institut der Universität Tübingen im Auftrag der IBM die Folgen der Telearbeit auf die Mitarbeiter und kamen zu dem Ergebnis, daß die Angestellten zu Hause produktiver, flexibler und motivierter als im Büro arbeiteten und Familie und Beruf besser vereinbaren konnten.

Dies wird durch Angaben und Beobachtung von mir befragten Telearbeiter bestätigt. Sie beurteilen durchwegs die Telearbeit als persönlichen Gewinn der Arbeitsqualität. Fast alle Befragten erklärten, daß ihre erhöhte Schaffenskraft unter anderem durch die ungestörte und „gemütlichere“ Arbeitsatmosphäre zu Hause erreicht würde. Daneben erklärten die meisten, daß die wesentlich höhere Eigenverantwortung ein Gefühl von Selbständigkeit vermittelte, welches maßgeblich auf ihre Motivation einwirke und zum allgemeinen Wohlbefinden beitrage.

Mehr Flexibilität

Die Produktivität wird nicht nur durch eine höhere Motivation, sondern auch durch mehr Flexibilität gesteigert. Der Telearbeiter hat jederzeit die Möglichkeit, seine Arbeitszeit und den Arbeitsort selbst zu bestimmen. Dadurch ist eine individuellere Freizeitgestaltung möglich und die Belange der Familie können viel eher in Einklang mit den beruflichen Erfordernissen gebracht werden.

Resümee

Insgesamt sprechen somit folgenden Vorteile für die Telearbeit:

Vorteil für den einzelnen Tele(mit-)arbeiter:

- Größere Zeitsouveränität und Eigenverantwortung
- Steigerung der Lebensqualität
- Vermeidung bzw. Verringerung von Fahr- bzw. Stauzeiten
- Höhere Kreativität
- Größere Produktivität
- Bessere Vereinbarung von Beruf und Familienleben
- Verringerung bzw. Wegfall von Pendel- und/oder Fahrzeiten
- Angenehmere Arbeitsweise
- Größere Wahlfreiheit bei der Wohnortwahl

Vorteile aus Sicht der Unternehmer und Arbeitgeber

Für den Arbeitgeber stehen meist geminderte Vorhaltungskosten für Räumlichkeiten und Ausstattung, eine größere Flexibilität im Personaleinsatz, die Abwälzung von Kosten für technische Einrichtungen des Arbeitsplatzes sowie die Einsparung von Kosten im Vordergrund.

Daneben scheinen erste Erfahrungen aus der Praxis eine Tendenz zur Verbesserung der Arbeitsergebnisse sowie eine effizientere Kundenbetreuung zu bestätigen.

Kosten

Es dürfte heutzutage wohl keinen Büroplatz mehr geben, der nicht mit einem PC ausgestattet oder sogar vernetzt ist. Dieser Umstand bedeutet, daß für die Einrichtung eines Telearbeitsplatzes viel weniger Kosten entstehen, als gemeinhin angenommen. Durch moderne Vernetzungstechniken ist es zudem möglich, daß mehrere Komponenten (etwa Drucker, Kopierer, Scanner, usw.) von mehreren Mitarbeitern zugleich genutzt werden können.

Weitere Kostenreduzierung bietet auch das sogenannte „Shared-Desk-Prinzip“, bei dem sich zwei Mitarbeiter einen Schreibtisch im Büro teilen können und so weniger Büroraum benötigen.

Dem stehen auch nicht unbedingt erhöhte Kommunikationskosten gegenüber. Die monatliche Grundgebühr für einen ISDN-Anschluß beträgt gegenwärtig nur noch 46,– DM/Monat für den Standardanschluß. Die Kosten für die Übertragung von Daten sind vergleichbar mit den Telefonkosten, da dieser Anschluß über das Telefonnetz läuft. Die anfallenden Kosten sind dabei vom Umfang des Datentransfers abhängig (Einzelheiten im Kapitel „Der optimale Arbeitsplatz").

Auch die Einrichtung des Telearbeitsplatzes mit der erforderlichen Hard- und Software beläuft sich heute im erträglichen Rahmen. So wird man von Anschaffungskosten für einen leistungsfähigen PC von ca. 5.000,– bis 8.000,– DM auszugehen haben (Einzelheiten im Kapitel „Der optimale Telearbeitsplatz"). Dabei ist mit einer weiteren Senkung dieser Kosten in Zukunft aufgrund der raschen technologischen Weiterentwicklungen zu rechnen.

Sinken werden auch ein Teil der hohen Fixkosten, die einem Unternehmen bei herkömmlichem Bürobetrieb entstehen. Der ausschlaggebende Grund für die Standortwahl wird in Zukunft nicht mehr unbedingt von einer guten Anbindung an das Straßennetz abhängig, sondern die an das Datennetz, die sogenannte Datenautobahn. Unternehmen sind daher nicht mehr auf einen stadtnahen Standort angewiesen, um einen guten Umsatz zu erzielen, sondern sie können auf wesentlich billigere ländliche Gebiete ausweichen. Damit sind dann immense Einsparungen an Mietkosten für großflächige Büroräume und -gebäude und an Gewerbesteuer verbunden.

Schließlich können für das Unternehmen auch Lohnnebenkosten entfallen (vom Standpunkt gegenwärtiger Tarifverträge betrachtet), wie zum Beispiel Überstundenpauschalen, da der Telearbeiter sich zu Hause seine Arbeitszeit selbst einteilt.

Steigerung der Produktivität der Mitarbeiter

Neben der Kosteneinsparung genießt der Unternehmer auch noch andere Vorteile: Wie Untersuchungen gezeigt haben wird die Produktivität der Mitarbeiter nicht unerheblich gesteigert. Das kommt zuletzt natürlich der Firma zugute.

Gewinnung und Erhalt qualifizierter Mitarbeiter

Einer der Vorteile, die die Telearbeit dem Angestellten bietet, kann auch das Unternehmen sich zu Nutze machen, wenn es darum geht, qualifizierte Mitarbeiter zu erhalten oder zu gewinnen.

Soziologen beobachten in den letzten Jahren verstärkt den Trend, daß potentielle Mitarbeiter nicht gewonnen werden können, weil diese einen Umzug scheuen, sich also nicht mobil zeigen.

Hier kann die Einrichtung eines Telearbeitsplatzes Überzeugungsarbeit leisten. Eine Firma in München kann mittlerweile ohne weiteres Mitarbeiter in Berlin, einer Kleinstadt oder gar im Ausland beschäftigen, die bequem von zu Hause aus oder im nahegelegenen Telezentrum ihre Arbeit erledigen und über die modernen Kommunikationsmittel trotzdem unmittelbar angebunden sind. Für diese Angestellten fällt die Entscheidung der Wahl des Arbeitgebers leichter, da mit dem Arbeitsantritt nicht unbedingt ein Umzug oder Ortswechsel verbunden ist. Und für das Unternehmen hat es den nicht zu verachteten Vorteil, daß es sich fast überall auf der Welt qualifizierte Mitarbeiter aussuchen kann.

Resümee

Der Einsatz von Telearbeitsplätzen kann dem einzelnen Arbeitgeber eine Reihe an Vorteilen bringen und ihm helfen, notwendige Kosten zu reduzieren. Die folgende Tabelle zeigt die wichtigsten Aspekte:

Vorteile der Telearbeit für Arbeitgeber

- Verbesserung der Wettbewerbsfähigkeit
- Verminderung von Reisezeiten und Reisekosten
- Erhöhung der Flexibilität und Produktivität (höhere Auslastung, beschleunigte Kommunikation)
- Senkung der Kosten für Büroraum und Arbeitsplatz
- Erhalt und Zugang zu qualifizierten Mitarbeitern
- Erhöhung der Mitarbeitermotivation
- Verbesserung von Kundenkontakten
- Erleichterung bei der Personalsuche
- Verringerung von Fehlzeiten
- Intensivierung und Kooperation
- Imagegewinn (attraktive Arbeitsplätze)
- Erschließung von Arbeitskraftreserven in peripheren Regionen

Volkswirtschaftliche und soziologische Aspekte

Stärkung ländlichen Raums und strukturschwacher Gegenden

Durch den Einsatz von moderner Kommunikationstechniken ist die Umkehr der im Zeitalter der Industrialisierung stattgefundenen Zentralisierung möglich. Firmen können ohne größere Probleme und mit erheblicher Kostenersparnis dezentralisierte Arbeitsplätze in ländlichen Regionen oder strukturschwachen Gegenden ansiedeln.

Dadurch kann zum einen das gegenwärtig unvermindert anhaltende Abwandern der Bevölkerung in die Städte und die damit einhergehende Überalterung der Landbevölkerung vermindert werden. Zum anderen bietet sich für strukturschwache Gegenden die Möglichkeit, Arbeitsplätze zu schaffen und durch die eingenommene Gewerbesteuer notwendige Investitionen zu tätigen.

Verringerung ökologischer Probleme

Nicht zu unterschätzen ist die Verringerung der Zahl der täglichen Berufspendler, wodurch vor allem die Innenstädte von der Verkehrsflut zur „Rush-hour" befreit werden können. Allerdings warnen Wissenschaftler vor einer zu optimistischen Sichtweise: Zwar wird der CO_2-Ausstoß Deutschlands in die Atmosphäre nach Schätzungen um etwa 4% und der Berufsverkehr in den nächsten zehn Jahren um 20-30% sinken, doch ist mit der rasch anwachsenden Verbreitung und Herstellung von Computern und Zubehör ein immenser Energieaufwand verbunden.

Daneben kann in vielen Fällen auf weite Geschäftsreisen verzichtet werden. Datenleitungen und Videokonferenzsysteme erlauben Teambesprechungen oder die von mehreren Personen gleichzeitige Bearbeitung von Dokumenten auch über riesige Entfernungen. Nach Ansicht von Experten könnten rund 50% aller Geschäftstreffen durch Telekonferenzen ersetzt werden. Bei einem geschätzten Potential von 800.000 Telearbeitsplätzen im Jahr 2000 in Deutschland könnten so etwa jährlich 3,2 Milliarden Autokilometer und 250 Millionen Liter Kraftstoff eingespart werden.

Eingliederung von Personengruppen, die in ihrer Mobilität eingeschränkt sind

Die Möglichkeiten der heutigen Kommunikationstechniken stellen auch für Personengruppen, die nur eingeschränkt mobil sind, eine Chance zur

Berufsausübung dar. Gerade für Behinderte ist die Verkehrsteilnahme, um an den Arbeitsplatz zu gelangen, oft eine unüberwindliche Barriere. Im Regelfall verfügen diese Menschen über eine ihren Behinderungen angepaßte Wohnung. Daher bietet es sich an, diese als Telearbeitsplatz auszustatten und damit dem Behinderten die Integration in Gesellschaft und Berufsleben zu ermöglichen.

Schließlich kann durch Telearbeit die Resozialisierung von Strafgefangenen erleichtert werden. Durch Telearbeit während der Inhaftierung können die Kenntnisse der Gefangenen und damit auch die späteren Berufschancen erweitert werden.

Resümee

Wie die folgende Übersicht zeigt, bringt der Einsatz von Telearbeitsplätzen auch einer Volkswirtschaft eine Reihe von Vorteilen:

Insgesamt sprechen somit folgenden Vorteile für die Telearbeit:

Volkswirtschaftliche Vorteile:

- Verkehrs- und Umweltentlastung durch weniger Berufsverkehr (Ressourcenschonung, Reduzierung der Schadstoffbelastung)
- Entzerrung und Dezentralisierung der Ballungsräume und des Wohnungsmarktes
- Stärkung strukturschwacher Regionen

Gleiches gilt auch für den soziologischen Bereich:

Soziologische Aspekte:

- Eingliederung Behinderte in den Arbeitsprozeß
- Beschäftigungsmöglichkeiten für spezielle Zielgruppen (z.B. Frauen, Frauen mit kleinen Kindern, Alleinerziehenden, usw.)
- Teilzeitbeschäftigung infolge freier Zeiteinteilung unproblematischer
- Resozialisierungsmöglichkeiten für Strafgefangene

Problemfelder

Den vorstehend aufgeführten Vorteilen der Telearbeit stehen auf der anderen Seite wiederum zum Teil differenzierende Nachteile, die je nach Betrachtungsweise differenzieren, entgegen.

Nachteile aus Sicht der Arbeitnehmer

Im Zusammenhang mit Telearbeit werden von zukünftigen Telearbeitern insbesondere folgende soziale Befürchtungen geäußert:

- Negative Auswirkungen des häuslichen Arbeitsplatzes auf die konkrete Arbeit und das Privatleben,
- Probleme mit der erhöhten Selbstdisziplin,
- Gefahr, zum „Workaholic" zu werden ,
- Angst, daß sich der Informationsaustausch mit Vorgesetzten und Kollegen verschlechtert,
- Soziale Isolierung.

Nachteile aus Sicht der Arbeitgeber

Aus Sicht der Arbeitgeber entstehen insbesondere technische, organisatorische, betriebswirtschaftliche, ökologische, juristischen und ebenfalls soziologische Probleme.

Insbesondere werden hier angeführt:

- Unwirtschaftlichkeit
- Abwanderung von Arbeitsplätzen ins Ausland
- Reibung mit dem traditionellen und oft inflexiblen Management
- Erhöhter Koordinationsbedarf
- Ungelöste juristische Probleme
- Mangelnder Datensicherung und verringerter bzw. mangelhafter Datenschutz

Soziale Probleme

Den vielfältig genannten sozialen Probleme läßt sich folgendes entgegnen:

Der Vorteil sein Berufsleben mit dem Privatleben vermischen zu können, heißt für manche auch, es vermischen zu müssen. Allerdings ist es nicht für jeden Mitarbeiter angenehm, seine Arbeit zu Hause zu verrichten. Er will in seiner Freizeit „abschalten" können und seine Arbeit „vergessen".

Allerdings kann man dem entgegenhalten, daß es zahlreiche Menschen – auch ohne Telearbeit – nicht gelingt, beides zu trennen. Hier wird in jedem Fall eine größere Selbstdisziplin und Organisation als im außerhäuslichen Büro von Nöten sein.

Die Gegner der Telearbeit befürchten vor allem die menschliche Isolation am Telearbeitsplatz. Diese Gefahr dürfte jedoch nur bei einem reinen Telearbeitsplatz in der eigenen Wohnung bestehen. Hier ist zwar der Fall gegeben, daß man vom Leben im Büro und damit von den (ehemaligen) Mitarbeitern getrennt ist. Im Regelfall verfügt man aber über Familie und/oder Freunde, und es läßt sich sicherlich ab und zu ein Treffen mit den Kollegen arrangieren, weshalb eine Isolation nur höchst selten eintreten dürfte. Und schließlich ist es auch eine Frage der Selbstdisziplin, inwieweit man sich in seine Arbeit vertieft und sich von seiner Umwelt zurückzieht.

Insgesamt zeigen die bisherigen Erkenntnisse und Erfahrungen, daß sich diese Ängste nicht bestätigen, weil es genügend Möglichkeiten gibt, den realen Gefahren entgegenzutreten. Es hängt aber, wie in anderen Bereichen auch, davon ab, was für ein Typ man ist. So werden sich Vertriebsbeauftragte sicherlich leichter tun, weil Sie das alleinige Handeln gewöhnt sind. Aber es ist eine Frage des Umlernens und des Gewöhnens, selbständig Beruf und Familie zu trennen. Deshalb sollte insbesondere bei bisher im Büro tätigen Angestellten darauf geachtet werden, daß genügend Gelegenheit für den direkten sozialen Kontakt mit den Kollegen besteht. Hier bietet sich die alternierende Telearbeit geradezu an.

Technische Probleme

Die technischen Probleme, die in der Vergangenheit eine flächendeckende Einführung von Telearbeit verhinderten, sind weitestgehend gelöst. Allerdings gilt es, noch eine Reihe von Schwachstellen zu beseitigen.

Als solche sind anzusehen:

- ***Standards und Offenheit der Systeme***

  Multimediale Telearbeitssysteme müssen verschiedene Traditionen (Telefon, Computer, Verwaltungen, Wissenschaft etc.) vereinen, werden von verschiedenen Herstellern angeboten und sind daher wenig oder unterschiedlich standardisiert. Diese uneinheitlichen technischen Schnittstellen behindert Ausbreitung und Akzeptanz. Hier müssen so schnell wie möglich Standards vorgegeben werden.

- ***Sicherheit und Zuverlässigkeit***

  Zum einen wächst mit der zunehmenden Anzahl von Telearbeitsplätzen die Komplexität des Systems und damit die Fehleranfälligkeit. Gleichzeitig steigt bei verteilter Arbeit die Abhängigkeit von der Technik. Fehler können nicht mehr durch direkte menschliche Kommunikation überbrückt werden. Technische Zuverlässigkeit und Servicestrukturen sind geboten und erforderlich.

- ***Mensch – Maschine Schnittstellen***

  Diese Schnittstellen könnten zunehmend zu einem Problem werden, wenn die Telearbeit in Zukunft nicht auf speziell geschulte, breite Nutzerschichten trifft. Ein weit verbreitetes Problem der Telearbeit ist, daß sehr viele Interessierte nicht ausreichend über die Möglichkeiten informiert sind. Computer müssen, wie etwa in den USA, den Stellenwert eines Autos bekommen, also selbstverständlich sein und ebenso ohne Berührungsängste benutzt werden.

- ***Intelligenz der Systeme***

  Die Technik muß „intuitiv" auf den Nutzer eingehen, fehlertolerant reagieren und differenzierte Eingabemedien akzeptieren (Tastatur, Sprachen, Zeichnen etc.), damit sich der Telearbeiter in der Komplexität eines „World Wide Web" zurecht findet. Gleichzeitig sollte sie lern- und anpassungsfähig sein und Benutzerprofile erkennen, behalten und unterstützen.

- ***Datenschutz und Datensicherheit***

  Zum Teil müssen sensible Daten über öffentliche Netze transportiert werden. Dies setzt sichere Übermittlungsmöglichkeiten voraus. Die Probleme des Datenschutzes und der Datensicherheit sind schon heute technisch lösbar und sollten endlich angegangen werden.

Organisatorische und betriebswirtschaftliche Probleme

Bisherige Erfahrungen haben gezeigt, daß durch effektiven Einsatz der Telearbeit Steigungen der Arbeitskapazität von 20 bis 30% möglich sind. Die Hauptursachen dürften vor allem an folgenden Punkten liegen:

- Bessere Entfaltung des Mitarbeiterpotentials und dadurch höhere Zufriedenheit des einzelnen Mitarbeiters,
- Bindung hochqualifizierter Mitarbeiter und sinkende Fluktuation,
- Entlastung der Mitarbeiter und sinkende Fehlzeiten,
- Bereitschafts- und Fahrtzuschläge sinken bzw. entfallen,
- Bürofläche wird reduziert.

Allerdings stehen diesen Effizienzsteigerungen Investitionskosten in moderner Informationstechnik sowie laufende Kommunikationskosten gegenüber. Trotz sinkender Kosten für Informationstechnik bleiben die in Deutschland relativ hoch liegenden Telekommunikationsgebühren ein wirtschaftliches Hemmnis.

Trotzdem ist die Telearbeit schon heute als wirtschaftlich anzusehen. Ein komplett ausgestatteter Telearbeitsplatz (PC, ISDN-Karte oder Modem, Software und Drucker) erfordert gegenwärtig Investitionskosten von weniger als 8000 DM. Die durchschnittlichen monatlichen Kommunikations- und Datenübertragungskosten liegen zwischen 200 DM und 1000 DM. Hinzu kämen unter Umständen noch die Kosten für die erforderlichen Büromöbel, die in den meisten Fällen vorhanden sein dürften.

Das eigentliche Problem liegt vielmehr darin, daß althergebrachte Strukturen den Siegeszug der Telearbeit bisher verhindern. Fehlende notwendige und tiefe Veränderungen in Management- und Arbeitstraditionen sind das eigentliche Problem der Durchsetzung von Telearbeit. Die möglichen Potentiale lassen sich nur durch organisatorische Änderungen im Arbeitsablauf heben. Telearbeit bietet den geforderten Einstieg in flachere Hierarchien und in die Führung durch Zielsetzung und Eigenmotivation, nach denen man gegenwärtig überall ruft.

(Neue) ökologische Probleme

Der Verringerung der Umweltbelastung durch weniger Berufsverkehr stehen auf der anderen Seite neue ökologische Probleme entgegen. So wird der weltweite Papierverbrauch allein von PC-Benutzern auf jährlich mehr als 115 Milliarden Blatt geschätzt. Die Vorstellung vom papierlosen Büro, in dem statt Akten nur Disketten liegen, statt Briefe nur noch e-Mails verschickt werden, wird wohl noch auf lange Zeit utopisch bleiben.

Weitere Untersuchungen haben ergeben, daß die Entsorgung eines PC etwa 20 Kilogramm Sondermüll entstehen läßt. Der Stromverbrauch ist mit wachsender Verbreitung von Computern erheblich angestiegen. Auch sind bei der Herstellung eines PC über 5.000 Kilowattstunden nötig.

Es zeigen sich also neue und große Probleme bei der Verbreitung von Computern und benötigten Peripheriegeräten, deren Lösung in den nächsten Jahren eine der wichtigsten Aufgaben von Wissenschaft und Industrie sein wird.

Juristische Probleme

Juristische Probleme im Bereich der Telearbeit (siehe dazu die Ausführungen im Kapitel „Rechtliche Aspekte") treten hauptsächlich im Bereich des Arbeitsrechts auf. Dies gilt zum einen im individualrechtlichen Verhältnis des Mitarbeiters zu seinem Arbeitgeber, als auch im kollektivrechtlichen Bereich. Die Gewerkschaften sehen insbesondere ein Problem in dem Erhalt der Mitbestimmung, dem Zutrittsrecht zur Heimarbeitsstätte sowie in der allgemeinen gewerkschaftlichen Vertretung. Aber auch Fragen der Leistungskontrolle, des Arbeitsschutzes, der Arbeitszeit und des Versicherungsschutzes spielen im Zusammenhang mit den Telearbeitsplätzen eine Rolle.

Trotz zum Teil gegenteiliger Auffassungen werden die meisten Problematiken jedoch bereits von den bisherigen gesetzlichen Regelungen erfaßt, so daß nur einige neue gesetzliche Regelungen bzw. Anpassungen erforderlich werden.

In den sonstigen Rechtsgebieten besteht kein zusätzlicher Handlungsbedarf. Dies gilt auch für den sensiblen Bereich des Datenschutzes, der durch die heute bereits bestehenden Bestimmungen des Bundesdatenschutzgesetzes abgedeckt wird. Mit den bereits bestehenden Regelung lassen sich auch die Besonderheiten der Telearbeit regeln.

Formen der Telearbeit

Über den Begriff der Telearbeit gibt es zum Teil heftige Diskussionen. Die meisten Erklärungen leiten sich aus den englischen Bezeichnungen „teleworking", „home computing" oder auch „telecommuting" ab. Daneben werden Begriffe wie „flexible working" und „Telekooperation" bedeutungsgleich verwandt. Im Prinzip gehen alle diese Definitionsversuche jedoch von folgendem aus: Telearbeit im eigentlichen Sinne, ist eine Erwerbstätigkeit, die für einen Auftraggeber oder Arbeitgeber zu erbringen ist und die außerhalb der bisherigen Betriebsstätte des Unternehmens durch Computer und durch die Nutzung von Telekommunikationsnetzen erfolgt.

Eine anerkannte Definition der Telearbeit gibt zur Zeit noch nicht. Dies erschwert natürlich die Einordnung so manches Arbeitsplatzes unter den Begriff. Hier sollte man sich an folgende drei Merkmale halten, die das Wesen eines Telearbeitsplatzes ausmachen:

- die programmgesteuerten Arbeitsmittel,
- der vom Arbeit- oder Auftraggeber räumlich getrennten Arbeitsplatz, und
- die Aufrechterhaltung der Verbindung zwischen Arbeitnehmer und Arbeitgeber elektronische Kommunikationsmittel.

Darüber hinaus gibt es aber keine klare Festlegung, was im einzelnen unter diesen Begriff fällt. Der doch recht offene Begriff der Telearbeit läßt somit viele Auslegungen zu. Am gebräuchlichste ist die räumlich-technische Differenzierung, die nach der Organisationsform der Telearbeit unterscheidet.

Sie tritt in folgenden drei Beschäftigungsformen auf:

- ***Tele-Heimarbeit***

  Darunter versteht man in der Regel die Telearbeit, die alleine in der eigenen Wohnung („isolierte Telearbeit") ausgeübt wird.

- ***Externe Telearbeit***

  Sie tritt in unterschiedlichen Formen („Telearbeitszentrum", „Telehaus", „mobile Telearbeit" usw.) auf und unterscheidet sich im wesentlichen von der internen dadurch, daß die persönlichen Außenkontakte wesentlich höher sind.

- ***Alternierende Telearbeit***

  Sie bildet eine Mischform aus den ersten beiden. Der Telearbeiter arbeitet zum Teil im Betrieb und zum Teil von zu Hause aus.

  Gemeinsam ist allen Erscheinungsformen, daß außerhalb des Betriebs gearbeitet wird oder an ständig wechselnden Arbeitsstätten.

  Daneben gibt es weitere Mischformen, z.B. wenn der Telearbeiter zwischen Betrieb, Kunde und seinem Heimbüro wechselt. Darüber hinaus dürfte mit der raschen Verbreitung der Mobilkommunikation mit weiteren Formen der Telearbeit zu rechnen sein.

Telearbeit im externen Büro

Erscheinungsformen

Die bislang bekannteste Form von Telearbeit hat sich längstens etabliert und dürfte am weitverbreitetsten sein: Die Telearbeit im externen Büro. Hierbei sind die Organisationsbereiche – ähnlich einer Außenstelle – aus der Firma herausgelöst und per Datenleitung mit der Zentrale verbunden. Sie kommt in verschiedenen Ausprägungen vor:

- ***Satellitenbüro***

  Telearbeit in einem Satellitenbüro ist im Prinzip nichts anderes als Bildschirmarbeit in einer ausgelagerten Zweigstelle des Unternehmens. Es handelt sich dabei keineswegs um eine neue Erscheinungsform. Banken sind zum Beispiel bereits seit Jahren mit ihrer Zentrale über Datenleitungen verbunden.

- ***Nachbarschaftsbüro und Telezentren***

  Um lange Anfahrtswege zu sparen und dauerhaft Arbeitsplätze auch außerhalb von Ballungsräumen zu schaffen, wurden in den vergangenen Jahren vereinzelt dezentrale Büros eingerichtet, die sich von den Satellitenbüros dadurch unterscheiden, daß sie nicht von Unternehmen betrieben werden, sondern von verschiedenen Betrieben. In solchen Telezentren arbeiten daher Angestellte der angeschlossenen Unternehmen und häufig auch Freiberufler Tür an Tür. Aber auch in vielen ländlichen Räumen findet man solche Büros.

- ***Virtuelle Unternehmen***

  Virtuelle Unternehmen sind „lose“ Kooperationen eines einzelnen Betriebes auf der Grundlage von Telekommunikationsinfrastrukturen und -diensten. Die räumlich getrennten Firmen sind dabei über Datenleitungen verbunden und treten als ein Gesamtunternehmen auf. Hierbei ist jedoch nicht der strenge Firmenbegriff des Handelsgesetzbuches anzuwenden. Jede einzelne Firma ist nur ein Teil des virtuellen Unternehmens und tritt nicht unter ihrem Namen in Erscheinung. Ziel ist der Aufbau einer Zusammenarbeit, aus der für alle Partner Vorteile erwachsen, und die andererseits nur minimale Kooperations- bzw. Koordinationskosten verursacht.

- ***Bürgeramt***

  Bürgerämter erlauben es der Verwaltung, Bürgernähe zu zeigen. Ohne lange Wege kann hier z.B. der Reisepaß verlängert werden oder das Auto an- oder abgemeldet werden. Damit können viele Wege in die benachbarte Stadt entfallen und die Bürger können vor Ort die notwendigen Angelegenheiten erledigen. Das Bürgeramt in der Nachbarschaft der Einwohner ist sozusagen das Satellitenbüro der Verwaltung.

Bekannte Vor- und Nachteile externer Büros

Die bisherigen Erfahrungen, die mit diesen Organisationsmodellen gemacht wurden, sind zweigeteilt: Zwar könnten die in einem Tele-Zentrum durchgeführten Arbeiten aufgrund des technischen Fortschrittes im Regelfall auch in reiner Tele-Heimarbeit erledigt werden. Der Zusammenschluß vieler ermöglicht auf der anderen Seite, auf technische Voraussetzungen gemeinsam und damit kostengünstiger zuzugreifen. Daneben treten oftmals günstige Synergieeffekte auf, wenn sich die

Telezentren aus Nutzern gleicher oder ähnlicher Sparten zusammen setzen. Aber viele Firmen scheuen die Kosten, da sie befürchten, die externen Büros langfristig nicht ausnutzen zu können. Und die „ausgelagerten Firmenmitarbeiter" haben dagegen oft Angst, auf lange Sicht aus dem Netzwerk ihrer eigenen Betriebsabteilungen völlig herauszufallen.

Mobile Telearbeit

Erscheinungsform

Die mobile Telearbeit hat sich in kürzester Zeit als äußerst flexible Arbeitsform entwickelt. Durch mobile Informations- und Kommunikationstechnologie werden Datenverbindungen zum Unternehmen hergestellt und Berichte, Aufträge, Bestellungen online in die Firmenzentrale übermittelt oder entsprechende Informationen abgefragt.

Außendienst und Servicepersonal haben mit Notebook und Handy ihr Büro stets dabei. Die Arbeit kann hierbei genauso aus dem Hotelzimmer wie aus dem Auto erledigt werden. Der Zugriff auf das Netzwerk der Firma sorgt nicht nur für den Austausch von e-Mails, sondern auch für eine sofortige Bearbeitung der Kundenaufträge. Der Mitarbeiter kann freier und effektiver eingesetzt werden, unnötige Fahrten ins Büro entlasten die Umwelt und senken die Kosten.

Vor und Nachteile mobiler Telearbeit

Diese Form der Telearbeit dürfte den größten Erfolg erzielen. Aufgrund der Mobilität und Flexibilität ergeben sich für den mobilen Telearbeiter erhebliche Vorteile. Allerdings sind Autonomie und Eigenständigkeit nicht jedermanns Sache. Der Erfolg hängt letztendlich davon ab, in wieweit es dem einzelnen gelingt, sich selbst zu motivieren und an selbst gesteckte Vorgaben zu halten.

Alternierende Telearbeit

Erscheinungsform

Eine Mischform stellt diese Form dar: Die Mitarbeiter arbeiten von zu Hause und fahren nur zeitweilig in die Firma, z.B. um an Besprechungen teilzunehmen. Üblich sind dabei 4-plus1- oder 3-plus2-Modelle, bei denen die Telearbeiter einen oder zwei Arbeitstage im Betrieb oder am heimischen Schreibtisch verbringen. Diese Mitarbeiter arbeiten auch oft nicht nur zu regulären Zeiten, sondern etwa auch an Wochenenden, im Urlaub, auf Geschäftsreise oder bei sonstigen Gelegenheiten. Durch modernste Kommunikationstechnologie können sie sich zu jeder Zeit in die Firmennetze einwählen.

Vor- und Nachteile alternierender Telearbeit

Diese Form der Telearbeit bietet den Mitarbeitern einerseits ein hohes Maß an Zeitsouveränität und Eigenständigkeit. Gleichzeitig hält der Mitarbeiter aber Kontakt zum Betrieb und den Arbeitskollegen und kann so nicht zu unterschätzenden sozialen Kontakte mit den Kollegen pflegen.

Tele-Heimarbeit

Erscheinungsform

Bei der reinen Tele-Heimarbeit sind die Beschäftigten ausschließlich von zu Hause aus tätig. Die Präsenz am betrieblichen Arbeitsplatz wird durch den Datenaustausch per Datenfernübertragung (DFÜ) ersetzt. Die Kommunikation mit Vorgesetzten, Kollegen und Kunden erfolgt über Telefon, Telefax und/oder Modem.

Vor- und Nachteile der reinen Teleheimarbeit

Diese Form der Telearbeit wird wegen der vermeintlichen sozialen Isolation der Arbeitnehmer von Soziologen sehr kritisch gesehen. Allerdings liegt es auch hier an dem Telearbeiter selbst, ob er sich der veränderten Arbeitssituation anpassen kann oder nicht.

Links zur Telearbeit

Wenn Sie zum Thema Telearbeit mehr erfahren wollen, dann sollten Sie sich einmal auf den folgenden Internetseiten umschauen. Hier finden Sie zum Teil sehr umfangreiche Informationen.

Links zur Telearbeit

- *Studie zur Telearbeit:*
  http://dv.kp.dlr.de/BMBF/informationstechnik/telearbeit
- *Bundesministerium für Wirtschaft:*
  http://www.bmwi.de
- *Bundesministerium für Arbeit und Sozialordnung:*
  http://www.bma.de
- Das offene Forum für Telekooperation (Telearbeit, Teleteaching):
  http://www.ta-telearbeit.de
- Broschüre der IG Metall zum Thema Telearbeit:
  http://www.igmetall.de/Multimedia/17Telearbeitun.html
- *Infos über Multimedia Markt* (Statistiken, Jobangebote):
  http://www.hightext.de
- *Tele-Zentrum Retzstadt*: Informationen über Telearbeit:
  http://www.innovatiefen.de/tzr/
- *Bayern Online:*
  Themenarbeitskreis Telearbeit und virtuelle Unternehmen:
  http://www.bayern.de/BayernOnline/Konzept/teil2-hap3-4.html

Ein Beispiel aus der Praxis: Das Tele-Zentrum in Retzstadt

Vorgeschichte

Retzstadt ist ein kleines unterfränkisches Dorf im Süden des Landkreises Main-Spessart. Gut 1700 Menschen leben hier, 650 davon sind Pendler, die täglich nach Karlstadt oder in die nahegelege Mainmetropole Würzburg zur Arbeit fahren. Nach der Gemeindereform von 1978 wanderte nicht nur die komplette Verwaltung ab, auch Schule, Tankstelle, Gaststätten und Geschäfte gingen verloren. Ein traditionelles Gewerbegebiet war aufgrund der Lage des Ortes, er liegt in einem schmalen Tal, nicht zu realisieren. So reifte Bürgermeister Reinhold H. Möller die Idee, das Rathaus in ein Telehaus umzuwandeln. Ein wesentliches Anliegen war dabei, die im Zuge der Gebietsreform in den 70er Jahren in die Verwaltungsgemeinschaft ausgelagerte Verwaltung zumindest teilweise wieder vor Ort zur Verfügung zu stellen. Mit Unterstützung des Freistaates Bayern, der Europäischen Union und der Deutschen Telekom AG wurde das Tele-Zentrum Retzstadt e.V. (TZR) aus der Taufe gehoben. Seither wurden acht bestens ausgestattete Telearbeitsplätze geschaffen. Daneben steht auch eine Angestellte den Bürgern von Retzstadt in Verwaltungsfragen mit Rat und Tat wieder vor Ort zur Verfügung.

Heutiger Stand

Das Angebot der Telearbeitsplätze wurde von der heimischen Wirtschaft sehr gut angenommen, alle Telearbeitsplätze sind ausgebucht. Wegen der guten Nachfrage sollen in näherer Zukunft noch 30 weitere Plätze in der ehemaligen Jugendherberge bereitgestellt werden, die gegenwärtig zum neuen TZR ausgebaut wird.

Obgleich das Retzstädter Projekt nicht nur Pionier für Mainfranken, sondern für ganz Deutschland ist und noch viel Überzeugungsarbeit leisten muß, zeigt es doch bereits eindrucksvoll, welche Möglichkeiten die Telearbeit gerade strukturschwachen Gegenden bietet.

Mehr Informationen zu diesem außergewöhnlichen Projekt können Sie übrigens auf den Internetseiten des Tele-Zentrums nachlesen.

Facetten der Telearbeit

In diesem Kapitel lernen Sie die vielfältigen Möglichkeiten der Telearbeit kennen. Sie erfahren Wissenswertes über die Berufsfelder der Telearbeit, über verschiedene Unternehmensideen für das Netz, was es mit der digitalen Jobbörse auf sich hat und wie Sie das Internet für Ihre persönliche Telearbeit nutzen können.

Teleberufe von A bis Z

Telearbeit kann in einer Vielzahl von Tätigkeitsbereichen eingesetzt werden. Dabei kommen grundsätzlich fast alle informationsbezogenen Tätigkeiten in Frage – solange die Information elektronisch gespeichert und abrufbar ist. Insgesamt dürfte man von sieben Bereichen ausgehen, in denen Telearbeit eine Alternative zu hergebrachten Formen darstellt. Diese Aufteilung ist jedoch nicht als starr zu betrachten. Vielmehr kann es sich dabei nur um einen Situationsbericht handeln, da der Wandel innerhalb dieser Bereiche sehr schnell erfolgt.

Die nachfolgende Aufstellung soll Ihnen eine Hilfe bei der Entscheidung und Suche nach einem für Sie geeigneten Telearbeitsplatz sein.

Beratung

Im Bereich der beratenen Berufe bietet sich die Telearbeit geradezu an. Die technischen Möglichkeiten erlauben es dem Kunden auch Informationen von weit entlegenen Orten einzuholen, während für den Berater die Chance besteht, aus einer unendlichen Vielfalt an Informationsquellen Wissen zu schöpfen. Einige davon werden nachfolgend genannt.

Analyst

Profil:	Der Analyst beobachtet die Finanzmärkte dieser Welt und kennt die wirtschaftliche Verfassung von Unternehmen.
Voraussetzungen:	Betriebs-, finanz- oder volkswirtschaftliches Studium.
Equipment:	PC mit multimedialer Ausstattung, ISDN-Anschluß, Drucker, Datenbankanbindung.

Hotliner

Profil:	Der Hotliner leitet den multimedialen Hilfs- und Notdienst für Handel und Industrie. Er vertritt Unternehmen gegenüber Kunden, die Probleme mit dem Produkt haben. Er erstellt Listen mit häufig gestellten Fragen und deren Antworten.
Voraussetzungen:	Sehr gute Computerkenntnisse, pädagogisches Geschick.
Equipment:	PC mit multimedialer Ausstattung, ISDN-Anschluß, Zugang zu Datenbanken, Internet-Präsenz.

Infobroker

Profil:	Das Aufgabengebiet des Infobrokers liegt in der Vermittlung von Informationen. Er weiß, wie und wo er alle benötigten Auskünfte bekommt. Ein Großteil der Zeit verbringt er mit Recherchen im In- und Ausland für Unternehmen, analysiert Märkte und liefert die gewünschten Daten.
Voraussetzungen:	Studium, journalistische Ausbildung.
Equipment:	PC mit multimedialer Ausstattung, ISDN-Anschluß, Drucker, Scanner, Zugangsmöglichkeit zu möglichst vielen Datenbanken.

Online-Berater

Profil: Der Online-Berater kennt alle Tricks und Tips der gängigen Software. Er hilft immer da weiter, wo der Anwender nicht mehr weiter weiß und nicht erst lange im Handbuch nachschlagen möchte.

Voraussetzungen: Sehr gute Computerkenntnisse (Hard- und Software) sowie Telekommuikationskenntnisse.

Equipment: PC, Aktuelle Versionen gängiger Software, ISDN, Drucker, Internet-Präsenz.

Online-Marktforscher

Profil: Der Online-Marktforscher liefert seinen Kunden die nötigen Daten, die diese für die Werbung und die Produktplazierung benötigen.

Voraussetzungen: Sozialwissenschaftliches Studium, Gute Kenntnisse des Marketings.

Equipment: PC mit multimedialer Ausstattung, ISDN-Anschluß, Drucker, Datenbankanbindung.

Steuerberatung

Profil: Die Steuerberatung kann heute weitestgehend über Datennetze abgewickelt werden.

Voraussetzungen: Ausbildung zum Steuerberater.

Equipment: PC, ISDN-Anschluß, Drucker, Datenbankanbindung.

Touristikexperte

Profil: Der Touristikexperte hilft seinen Kunden bei der Entscheidung mit visuellen Mitteln. Per Bilder, Text, Töne und Videos kann sich der Kunde ein besseres Bild machen als bei einem gewöhnlichen Veranstalter.

Voraussetzungen: Ausbildung zum Reisekaufmann.

Equipment: PC mit multimedialer Ausstattung, für den mobilen Einsatz Notebook ideal, ISDN-Anschluß, Drucker, Datenbankanbindung.

Versicherungsagent

Profil: Der klassische Beruf des Versicherungsagenten wird im zunehmenden Maße wie die Direktversicherungen auf den Markt drängen immer öfter von daheim ausgeführt werden können.

Voraussetzungen: Versicherungskaufmann oder entsprechende Ausbildung.

Equipment: PC, für den mobilen Einsatz Notebook, ISDN-Anschluß, Handy mit PC-Card, Drucker, Datenbankanbindung zum Versicherungskonzern.

Entwicklung

Einige typischen Entwicklerberufe konnten schon immer von Zuhause aus ausgeübt werden. Moderne Kommunikationstechniken erlauben nunmehr eine noch effektivere Arbeit, da Informationen rascher ausgetauscht werden. Aber auch Entwicklungsteams können durchaus über Datenleitungen funktionieren.

Architekt

Profil: Der klassische Architektenberuf läßt sich vorzüglich auch von zu Hause aus erledigen. Dank Telekommunikationstechnik bearbeitet er die Aufträge am heimischen PC und verschickt sie via ISDN oder Modem.

Voraussetzungen: Entsprechendes Studium.

Equipment: PC mit entsprechender Softwareausstattung, ISDN-Anschluß, Drucker.

CAD-Entwickler

Profil: Computer Aided Design wurde schon immer am PC getätigt und eignet sich ideal für Telearbeit.

Voraussetzungen: Entsprechende Ausbildung.

Equipment: PC mit CAD-Software, ISDN-Anschluß, Drucker, Farbdrucker, Plotter.

Konstrukteur

Profil: Die Aufgabe des Konstrukteurs ist es eine dreidimensionales Modell mit dem PC zu entwickeln. Dem Auftraggeber werden die Daten per e-Mail übertragen.

Voraussetzungen: Entsprechende Ausbildung.

Equipment: PC mit entsprechender Softwareausstattung, ISDN-Anschluß, Drucker, Plotter, Videokonferenzsystem vorteilhaft.

Programmierer

Profil: Der Programmierer von morgen ist mit seinem Softwareunternehmen vernetzt und bekommt die neuesten Informationen online. Der freiberufliche Programmier nimmt sich der Probleme seiner hauptsächlich mittelständischen Kundschaft an und entwirft die Programme am heimischen PC.

Voraussetzungen: Studium, sehr gute Kenntnisse mindestens zweier Programmiersprachen.

Equipment: PC mit neuester Ausstattung, ISDN-Anschluß.

Außendienst und Service

Im Außendienst und im Servicebereich bietet die Telearbeit zahlreiche neue und arbeitserleichternde Möglichkeiten. In diesem Bereich hat sich die Telearbeit schon weitgehendes etabliert und wird sich noch weiter durchsetzen.

Netzagent

Profil:	Der Netzagent ist so etwas wie die digitale Feuerwehr. Er bekämpft Viren, unbekannte Eindringlinge, Hacker, Wirtschaftsspione und andere. Er kontrolliert und entwickelt Sicherheitssysteme.
Voraussetzungen:	Sehr gute Computerkenntnisse, Ausdauer, Geduld und gute Nerven.
Equipment:	Mehrere High-End-Computer mit allen gängigen Betriebssystemen, gängigste Hard- und Software.

Netzwerkspezialist

Profil:	Der freiberufliche Netzwerkspezialist optimiert Leitungen und Programme für mittelständische Firmen. Diese Überprüfung kann heute weitgehendes über globale Datenleitungen erfolgen.
Voraussetzungen:	Studium, entsprechende Netzwerkkenntnisse, technisches Geschick.
Equipment:	Mehrere PC mit Netzkarten, ISDN-Anschluß.

Partnervermittlung

Profil:	Wie in der herkömmlichen Agentur können sich hier Menschen in Bild und Ton vorstellen und ihre Wünsche nach einem Partner äußern. Die Kunden bekommen so ein persönliches Bild voneinander und können dann gegen Gebühr Kontakt aufnehmen.
Voraussetzungen:	Kaufmännische Ausbildung empfehlenswert, soziale Kompetenz.
Equipment:	PC mit multimedialer Ausstattung, ISDN-Anschluß, Videokarte, Kenntnisse in der digitalen Bildbearbeitung, Drucker, Scanner.

Systemoperator

Profil:	Ein Systemoperator eines Onlinedienstes leitet und koordiniert die elektronische Kommunikation. Er leistet Hilfestellung und vermittelt bei Mißverständnissen.
Voraussetzungen:	Psychologiestudium oder zumindest psychologisches Einfühlungsvermögen.
Equipment:	PC mit multimedialer Ausstattung, ISDN-Anschluß.

Handel

Für den Handel bietet die Telearbeit zahlreiche Chancen auf die Veränderungen des Käuferverhaltens einzugehen. Hierbei ist aber nicht nur an virtuelle Warenhäuser zu denken.

Auftragsabwickler

Profil:	Er bearbeitet in das Unternehmen eingegangene Aufträge und gibt entsprechende Anweisungen.
Voraussetzungen:	Angepaßte Ausbildung.
Equipment:	PC, ISDN-Anschluß, Drucker, Datenbankanbindung.

Online-Händler

Profil:	Der Online-Händler betreibt im Internet ein virtuelles Kaufhaus und handelt mit virtuellen Waren. Wie in einem richtigen Kaufhaus wird die Ware präsentiert und der Kunde kann sich in Ruhe informieren. Im Gegensatz zum richtigen Kaufhaus braucht der Online-Händler aber kein Lager. Er kauft im Regelfall erst nach einer Bestellung bei seinem Lieferanten ein.
Voraussetzungen:	Betriebswirtschaftliche Kenntnisse, logistische Kreativität, Geschäftstüchtigkeit, Computerkenntnisse.
Equipment:	PC mit multimedialer Ausstattung, ISDN-Anschluß, Laserdrucker, Internet-Präsenz.

Telefonmarketing

Profil: Für die eigentliche Tätigkeit genügt oft schon nur ein Telefon. Die Umleitungs-funktionen moderner ISDN-Telekommunikationsanlagen erlauben es die Anrufe direkt von einer Sammelnummer des Unternehmens auf verschiedene Telefone an unterschiedlichen Standorten weiter-zuschalten.

Voraussetzungen: Marketingkenntnisse.

Equipment: ISDN-Telekommunikationsanlage, PC, Drucker, u.U. Videokonferenzsystem.

Gestalten

Computer haben schon seit gut 20 Jahren im Bereich der Gestaltung einen große Bedeutung. Die neuen Medien und das weitere Vordringen multimedialer Programme werden für einen weiteren Bedarf sorgen. Auch hier lassen sich viele Arbeitsschritte mittels Telearbeit erledigen.

Designer

Profil: Am heimischen PC entwickelt der Designer seine Studien und präsentiert sie dann online. Kundenkontakte werden über das Netz vorgenommen.

Voraussetzungen: Entsprechendes Studium.

Equipment: PC mit entsprechender Softwareausstattung, ISDN-Anschluß, Farbdrucker, Scanner, Plotter.

Grafiker

Profil: Der Grafiker kann ungestört kreativ tätig werden und seinen Künsten freien Lauf lassen. Die fertigen Grafiken werden dann als elektronische Datei an den Kunden verschickt.

Voraussetzungen: Grafikerausbildung.

Equipment: PC oder Mac mit entsprechender Software, ISDN-Anschluß, Drucker, Farbdrucker, Wechselfestplattensystem.

Journalist

Profil: Die neuen Medien erlauben es dem Journalisten auch von zu Hause aus zu recherchieren. Die fertigen Artikel werden als e-Mail an die Redaktion geschickt.

Voraussetzungen: Journalistische Ausbildung.

Equipment: PC mit CD-ROM-Laufwerk, ISDN-Anschluß, Datenbankanbindung, Drucker.

Mediendesigner

Profil: Ein Mediendesigner konzipiert Multimediaprodukte. Dafür setzt er Dienstleister ein, die diese Ideen verwirklichen. Seine Aufgabe beschränkt sich auf das Koordinieren. Er bietet Multimediaverlagen und Firmen an, neue Absatzmärkte und Vertriebswege zu suchen.

Voraussetzungen: Studium, Kenntnisse im der Druckherstellung, Computerkenntnisse, Kreativität, marktwirtschaftliches Denken.

Equipment: PC mit multimedialer Ausstattung, ISDN-Anschluß, Farbdrucker, Scanner.

Online-Redakteur

Profil: Der Online-Redakteur setzt die Printtexte in Webseiten um. Er filtert wichtige Informationen aus fertigen Artikeln heraus, gliedert sie und verknüpft sie mit Links.

Voraussetzungen: Erfahrung als Redakteur, journalistische Ausbildung von Vorteil, Webseitensprachkenntnisse (HTML), grafisches Geschick.

Equipment: PC mit multimedialer Ausstattung, ISDN-Anschluß, Drucker, Scanner, Datenbankanbindung.

Screendesigner

Profil: Der Screendesigner entwickelt die Benutzeroberflächen für Computerprogramme und gestaltet Webseiten für das Internet. Diese sollten möglichst optisch attraktiv, leicht verständlich und intuitiv bedienbar gestaltet sein.

Voraussetzungen: Studium (Screendesign-, Grafik oder Design), sehr gute Computerkenntnisse, pädagogische Fähigkeiten, Kreativität.

Equipment: PC mit multimedialer Ausstattung oder gleichwertiger Mac, Farbdrucker, Laserdrucker, Scanner.

Screenschreiber

Profil: Der Screenschreiber ist für die sprachliche Gestaltung einer Homepage oder einer CD-ROM-Anwendung zuständig. Er nimmt eine Vermittlerrolle ein. Zum einen muß er einprägsam und verständlich für den Anwender formulieren können. Auf der anderen Seite muß er sich mit der Sprache der Multimediaspezialisten auskennen.

Voraussetzungen: Ideal sind Erfahrung als Journalist, Redakteur oder Texter, Kreativität ist ein Hauptmerkmal der Tätigkeit.

Equipment: PC mit multimedialer Ausstattung, ISDN-Anschluß, Drucker, Scanner.

Technischer Zeichner

Profil: Selbst in entlegenen Gegenden kann der Technische Zeichner sein Büro eröffnen. Aufträge erhält er über ein Büro, die Arbeiten erledigt er daheim und verschickt das Ergebnis per Datenleitung.

Voraussetzungen: Ausbildung zum Technischen Zeichner

Equipment: PC mit entsprechender Software, ISDN-Anschluß, Drucker, Plotter.

Übersetzer

Profil: Die zu übersetzenden Schriftstücke erhält der Übersetzer per Datenleitung in sein heimisches Büro. Dort übersetzt er diese und schickt das Ergebnis online an seinen Kunden zurück.

Voraussetzungen: Ausbildung zum Übersetzer.

Equipment: PC, ISDN-Anschluß, Drucker.

Schulung

Neue Multimediaanwendungen werden für einen weiteren Bedarf im Bereich der Schulungen sorgen.

Multimedia-Didaktier

Profil: Der Multimedia-Didaktiker konzipiert und entwickelt Lernsoftware. Per Telelearning bildet er Mitarbeiter weiter, in Schulen vermittelt er Wissen für zukünftige Anforderungen.

Voraussetzungen: Sozialwissenschaftliches Studium, pädagogische Erfahrung.

Equipment: PC mit multimedialer Ausstattung, ISDN-Anschluß, Drucker, Scanner.

Tutor

Profil: Er ist der Lehrer für die Ausbildung von morgen. Er kontrolliert Ergebnisse multimedialer Lernprogramme und ist via elektronischer Medien Ansprechpartner der Schüler.

Voraussetzungen: Fachspezifisches Wissen, didaktisches und pädagogisches Geschick, Computerkenntnisse.

Equipment: PC mit multimedialer Ausstattung, ISDN-Anschluß, Drucker, Videokonferenzsystem.

Büroarbeiten

In dem klassischen Bereich der Büroarbeit wird sich durch Telearbeit einiges verändern. Traditionell auf Büroräume angelegt, können Büroarbeiten nahezu ausschließlich auch vom Telearbeitsplatz erledigt werden.

Buchhaltungservice

Profil:	Wer möchte sie nicht gerne anderen überlassen: Die Buchhaltung. Der Buchhaltungsservice übernimmt das für Sie. Er schreibt Ihre Rechnungen oder Bestellungen und übernimmt auch sonstige Verwaltungsaufgaben.
Voraussetzungen:	Entsprechende Ausbildung.
Equipment:	PC mit geeigneter Software, ISDN-An-schluß, Drucker.

Korrespondenzservice

Profil:	Ein Korrespondenzservice ersetzt Freiberuflern und Selbständigen das Sekretariat.
Voraussetzungen:	Organisationstalent, Fremdsprachen, Aufgeschlossenheit.
Equipment:	PC mit multimedialer Ausstattung, ISDN-Anschluß, Drucker.

Sachbearbeiter

Profil:	Auch die Tätigkeit eines Sachbearbeiters kann von zu Hause ausgeübt werden. Auftrage werden per Anrufumleitung direkt in sein heimisches Büro umgeschaltet, der Vorgang kann am PC bearbeitet und dann wieder elektronisch verschickt werden.
Voraussetzungen:	Gemäß der Tätigkeit, Computerkenntnisse.
Equipment:	PC, ISDN-Anschluß, Drucker.

Schreibdienste

Profil: Auch diese althergebrachten Dienstleistungen können von zu Hause aus geübt werden. Begünstigt wird dies durch den Trend hin zum digitalisierten Diktat via Spracherkennung und zum aktenumlauflosen Büro, die in Kombination mit modernen Datenübertragungstechniken den problemlosen Transport auch großer Datenmengen ermöglicht.

Voraussetzungen: Gemäß der Tätigkeit, Computerkenntnisse.

Equipment: PC, ISDN-Anschluß, Drucker, Datenbankanbindung.

Sekretariatsdienst

Profil: Nicht jeder kann oder will sich ein Sekretärin leisten, doch es gibt viel Aufgaben, wo man sich eine dementsprechende Stütze hilft. Der Sekretariatsdienst erhält Ihre Aufträge online und erledigt diese zum Teil auch mit den modernen Kommunikationsmitteln.

Voraussetzungen: Sekretariatsausbildung oder zumindest entsprechende Erfahrung, freundliches Wesen, Streß erprobt.

Equipment: PC, ISDN-Anschluß, Drucker, Datenbankanbindung.

Texterfasser

Profil: Trotz oder gerade wegen des Multimediazeitalters werden nach wie vor sehr viele Texte benötigt. Diese müssen digital umgesetzt und aufbereitet werden.

Voraussetzungen: Gute Schreibmaschinen- bzw. Textverarbeitungskenntnisse.

Equipment: PC mit geeigneter Textverarbeitungssoftware, ISDN-Anschluß, Drucker.

Unternehmensideen für das Netz

Das Internet bietet eine Menge an neuen Märkten, die es zu erschließen gilt. Suchen Sie sich Ihre Nische und nutzen Sie diese konsequent aus. Bevor Sie loslegen, sollten Sie eine Netzrecherche betreiben und ausloten, ob bereits schon jemand mit „Ihrer" Idee im Netz vertreten ist. Wenn nicht, zögern Sie nicht zu lange. Je ausgefallener Ihre Idee übrigens ist, um so besser. Achten Sie aber – wie im normalen Geschäftsleben auch – auf eine realistische Verwirklichungschance.

Bei Ihre Suche können Sie sich durchaus an die klassischen Bereiche halten und die Möglichkeiten der neuen Medien nutzen. Nachfolgend finden Sie einige Anregungen, die beliebig auch auf andere Bereiche ausgedehnt werden können. Bedenken Sie aber in jedem Fall: Je kreativer Sie sind, um so mehr Erfolg werden Sie haben.

- ***Verkauf***

  Verkaufen Sie z.B. Bücher online. Der Bedarf an Literatur zum Thema Online und Internet ist groß. In den USA finden Sie das größte Angebot. Allerdings lohnt es sich für die meisten nicht wegen der hohen Bestellgebühren die Bücher direkt zu bestellen. Kaufen Sie jedoch eine größere Anzahl, so können Sie den Preis drücken. Den Gewinn erzielen Sie am Einkaufsrabatt beim amerikanischen Buchhändler.

  Oder verkaufen Sie Software. Hier bieten sich zweierlei Möglichkeiten an. Entweder Sie kaufen im größeren Umfang Software z.B. aus den USA ein (also analog zum Buchhandel) oder Sie bieten in einem geschlossenen Bereich Software, etwa Treiber oder Shareware an, die sich der Nutzer per FTP landen kann. Der Eintritt in den Benutzerkreis ist über eine Monatsgebühr oder eine einmalige Mitgliedsgebühr ermöglicht.

  Vielleicht eröffnen Sie aber auch ein Kaufhaus im Internet. Sammeln Sie Anbieter für Produkte im Internet. Die können EDV-Anbieter für Hard- und Software sein. Weiter stehen Ihnen Buchhändler und der Einzelhandel mit zahlreichen Produkten zur Verfügung. Was die Kosten angeht, so können Sie hier eine Umsatzbeteiligung anbieten.

- **Werbung**

  Die Möglichkeiten, Werbung im Internet zu schalten, nehmen immer mehr zu. Machen Sie sich zum Mittler für Unternehmen im Internet. Sie kennen die Preis der einzelnen Werbeplätze und wissen, wo es sich zu inserieren lohnt. Daneben können Sie die Gestaltung der Werbebuttons noch zu dem Paket dazu schnüren.

- ***Beratung***

  Beraten Sie Unternehmen bei der Erstellung von WWW-Seiten. Neben der Kreativität und dem Outfit der Seiten benötigt man noch eine große Menge Know-how über das Internet, welches Sie ebenfalls zu Beratungszwecken einsetzten können.

Digitale Jobbörse

Neben dem „altbewährten" Blick in die Wochenendausgabe der Zeitungen und dem Gang zum Arbeitsamt, gibt es für den Telearbeiter eine dritte Alternative, die er für seine Job- bzw. Auftragssuche einsetzten sollte. Die weltweite Verbindung durch das Internet schafft auch einen Marktplatz für Jobangebote, Jobsuchende sowie Aufträge.

Rund 50 Mio. Unternehmen, Institute und Privathaushalte in aller Welt sind via Internet miteinander verbunden. In den USA, dem Mutterland der elektronischen Medien, ist die Onlinestellensuche längst nichts besonderes mehr. Hierzulande wird dieses Medium noch nicht so intensiv genutzt, doch finden sich bereits täglich mehrere hundert Angebote auf den verschiedenen Servern. Bei den meisten handelt es sich um die für den Telearbeiter interessanten Stellenangeboten aus dem EDV-Bereich; für die anderen Branchen läuft die Nutzung erst allmählich an.

Verschaffen Sie Sich einen Überblick

Um einen Überblick über den Markt zu bekommen, empfiehlt sich zunächst, einen Blick in einen der gängigen Suchserver zu werfen. Geben Sie z. B. die Adresse von Lycos ein und dort die Stichwörter „Stellenangebot" oder „Stellenmarkt" und los geht's (Mehr Informationen über die Suche im Internet erfahren Sie im Kapitel „Arbeiten im Netz").

Daneben gibt es aber noch spezielle Server, die ausschließlich sich mit dem Stellenmarkt beschäftigten. Diesen sollten Sie anschließend einen Besuch abstatten.

Name des Servers	**Internet-Adresse**
Anmerkung: Jede der folgenden Adressen beginnt mit „http://www.“, sofern nichts anderes angegeben ist.	
Jobs für Telearbeit	job.de
Arbeitsamt	arbeitsamt.de
Digitaler Stellenmarkt	dv-job.de
Allgemeiner Deutscher Stellenmarkt	wdr.de/tv/jobs
Fame	fame.de
Careernet	careernet.de
Verlag D. Schirmer	karrierefuehrer.de
Online Job Börse	Stellennetz.de
Web.de	web.de/sql/select/Wirtschaft/ Arbeitsvermittlung
Dino	dino-online.de/ Seiten/Stellen.html
Die Zeit	jobs.zeit.de
Stellenbörse	stellenboerse.de

Als aktiver und interessierter Telearbeiter sollten Sie darüber hinaus auch einmal einen Blick auf folgende Adresse werfen: http://www.buntesei-ten.de. Hier erhalten Sie interessante Informationen über Firmen.

Der Weg in die Selbständigkeit

Die Existenzgründungswelle rollt in Deutschland – nicht zuletzt wegen der gegenwärtig außergewöhnlich lang andauernden Rezession – auch im Bereich der Telearbeit. Die Motive zum Start sind vielfältig. Nach wie vor dominiert der Traum von Unabhängigkeit, Freiheit und Selbstbestimmung. Auf der anderen Seite stehen dem das Bewußtsein um die Härten der Anlaufzeit und das Risiko des Scheiterns gegenüber.

Dem zukünftigen freiberuflichen Telearbeiter sollte jedoch von Anfang an klar sein: Der Weg in die Selbständigkeit ist mit gewissen Risiken verbunden. Mit einer ordentlichen Planung kann man allerdings viel erreichen. Deshalb finden Sie nachfolgend eine Liste von wichtigen Stichpunkten, die Sie berücksichtigen sollten, wenn Sie sich selbständig machen wollen. Sie werden so selbst schnell feststellen können, wie es um Ihre Voraussetzungen als Unternehmer und erfolgreicher Existenzgründer bestellt ist.

Die Geschäftsidee

Die Geschäftsidee bestimmt Ihre berufliche Zukunft und deren Durchsetzung am freien Markt. Der Bereich der Telearbeit ist in der Bundesrepublik in der breiten Bevölkerung noch nicht so weit bekannt, daß Sie ausreichend Kenntnis voraussetzen können. Deshalb sollten Sie Ihre Geschäftsidee möglichst genau definieren. Dies geht am besten, wenn Sie sich folgende Fragen stellen und das Ergebnis möglichst schriftlich notieren:

- Was ist Ihre Geschäftsidee?
- Welchen Nutzen hat Ihr Angebot?
- Welchen zusätzlichen Nutzen, welche zusätzliche Leistung und Attraktivität bieten Sie im Unterschied zur Konkurrenz an?
- Wie bekannt ist Ihr Produkt/Ihre Dienstleistung?
- Was kostet Ihr Produkt/Ihre Dienstleistung?
- Wo liegen die Risiken?

Markteinschätzung

Als nächstes müssen Sie Ihre Chancen auf dem Markt einschätzen. Dabei sollten Sie, auch wenn Sie vielleicht Insider sind oder aus der Branche kommen, möglichst viele Informationen einholen. Stellen Sie sich dabei folgende Fragen:

- Welche Kunden kommen in Frage?

- Was sind die Wünsche dieser Kunden?
- Wie groß ist das Marktvolumen dieser Kunden?
- Wie erreichen Sie Ihre Kunden?
- Welche Werbung kann dazu eingesetzt werden?
- Wie groß ist der Kundenkreis oder sind Sie von einem Großkunden abhängig?

Konkurrenzanalyse

Ihr zukünftiger Erfolg wird jedoch nicht allein vom Markt bestimmt. Maßgeblich wird auch sein, wieviele Konkurrenten sich bereits in „Ihrem Gebiet" betätigen. Deshalb sollten Sie wissen:

- Wer sind Ihre Konkurrenten?
- Was kostet deren Produkt bzw. deren Dienstleistung?
- Können Sie preisgünstiger sein als die Konkurrenz?
- Wie könnten die Konkurrenten auf Sie und Ihre Produkte bzw. Dienstleistung reagieren?
- Und wie reagieren Sie auf die Konkurrenz?

Standort

Einer der großen Vorteile der Telearbeit ist sicherlich, daß die Standortfrage keine allzu große Rolle spielt. Die moderne Kommunikationstechnik macht es möglich, daß Sie nahezu von jedem Ort der Welt (ein paar technische Voraussetzungen müssen natürlich erfüllt sein) Ihre Telearbeit erledigen können.

Geschäftsverbindungen

Schließlich sollten Sie klären, ob Sie lieber als Einzelkämpfer oder im Team einsteigen wollen. Wie Sie sich entscheiden hängt in erster Linie von Ihrem Temperament und in zweiter Linie von Ihrem Produkt ab.

Prüfen Sie deshalb:

- Mit wem wollen Sie Ihr Unternehmen starten? Allein? Mit einem Partner? Mit Angestellten? Mit Hilfe eines Lieferanten, Herstellers, Großhändlers?
- Wer käme in Frage? Wer ist zuverlässig?
- Wer paßt vom Typ zu mir und mit wem könnte ich mir vorstellen auch in ein paar Jahren noch zusammen zu arbeiten.

Zukunftsaussichten

Die letzte und vielleicht schwierigste Frage sollten Sie keinesfalls vergessen. Sicherlich wollen Sie längerfristig von Ihrer Tätigkeit leben und nicht nach relativ kurzer Zeit den Laden wieder zu machen. Überlegen Sie deshalb genau, auch wenn es sehr schwer ist exakte Prognosen abzugeben:

- Wie wird die Entwicklung in Ihrer Branche aussehen?
- Wie wird sich die Nachfrage nach Ihrem Angebot entwickeln?
- Handelt es sich bei Ihrem Produkt bzw. Dienstleistung um eine Modeerscheinung oder steckt mehr dahinter?
- Wie lange können Sie einen Vorsprung durch einen zusätzlichen Nutzen, eine zusätzliche Leistung oder die besondere Attraktivität Ihres Unternehmens erhalten?
- Gibt es bereits vergleichbare Branchen, an denen Sie sich orientieren können?

Wenn Sie nach reiflicher Überlegung zu dem Punkt gekommen sind, daß Sie keine realistischen Chancen sehen, dann lassen Sie es lieber sein. Sollten Sie aber, was ich Ihnen wünsche, zu dem Ergebnis gekommen sein, daß Ihre Zukunftsprognose sehr gut ist, dann sollten Sie mit allen Kräften anpacken und vor allem nie den Glauben an sich verlieren.

Einführung von Telearbeit im Unternehmen

Obwohl Telearbeit noch nicht so verbreitet ist wie etwa in den USA, hat die rasante Entwicklung in den letzen beiden Jahren auf dem Computer- und Telekommunikationsmarkt dafür gesorgt, daß auch deutsche Firmen zunehmend über die Einführung von Telearbeit nachdenken. Dies verwundert eigentlich auch nicht, denn hier liegt ein ungeahntes Potential brach. Telearbeit in ihren verschiedenen Formen erscheint gerade zu geeignet durch Dezentralisierung von Arbeitsplätzen zur Entlastung von Kosten und Gewinnung an Geschwindigkeit zu sein. In Deutschland dürfte es bereits einige Tausend Telearbeiter geben und Vorreiter sind vor allem die großen Unternehmen. Untersuchungen haben gezeigt, daß die langsame Verbreitung von Telearbeit mehr durch organisatorische, wirtschaftliche, soziale sowie arbeits-, sozial- und steuerrechtliche als durch technische Gründe bedingt sind. Es hat sich aber in jedem Fall gezeigt, daß hier ein methodisches Vorgehen erforderlich ist.

Wenn ein Unternehmer an die Einführung von Telearbeit denkt, hat es eigentlich nur zwei Punktezu berücksichtigen, die es allerdings in sich haben: Die generelle Entscheidung über die Einführung und das Erstellen eines entsprechenden Konzepts.

Vorüberlegungen und Analysen

Zunächst einmal hat die grundsätzliche Abwägung stattzufinden, ob das Unternehmen und die Arbeitsplätze geeignet sind Telearbeit einzuführen. Hier sind die Vor- und die Nachteile abzuwägen (siehe dazu das Kapitel Telearbeit - Arbeitsplatz der Zukunft), die erfahrungsgemäß von Unternehmen zu Unternehmen unterschiedlich sind. Kommt man zu der Ansicht, daß die Vorteile überwiegen, dann ist als nächster Schritt ein Grobkonzept zu erstellen. Damit erhält man wiederum Anhaltspunkte für die beiden nächsten Schritte, nämlich die Wirtschaftlichkeits- und die Machbarkeitsprüfung. Ein Unternehmer wird sicherlich nur dann die Alternative Telearbeit wählen, wenn sie ihm – verständlicherweise – einen wirtschaftlichen Vorteil bringt. Allerdings hängt damit sehr eng die Frage verknüpft, ob das Grobkonzept überhaupt so machbar ist oder ob aus den äußeren Gegebenheiten bereits jetzt die Verwirklichung scheitert.

Erstellung eines Konzepts

Kommt man aufgrund der vorangegangenen Überlegungen zu einem positiven Ergebnis, dann sollte unverzüglich ein Konzept erstellt werden. Hier sollte man u. U. einen externen Berater hinzuziehen, da die Telearbeit sehr viele Bereiche berührt und eine Reihe neuerer Elemente zu berücksichtigen ist.

Zunächst einmal müssen die möglichen Berufsfelder und deren Eignung untersucht werden. Dabei wird sich im Regelfall auch ergeben, welche Organisationsform der Telearbeit in dem betreffenden Fall Frage kommt. Steht hier das erste Gerüst, so sollte man, sofern vorhanden, bereits jetzt den Betriebsrat einbeziehen. Zum einen schafft man so Transparenz und zum anderen wird man so am schnellsten erfahren mit welchen Schwierigkeiten man bei der Einführung von Telearbeit zu rechnen hat. Auf jeden Fall muß man wissen, daß die Gewerkschaften der Telearbeit skeptisch gegenüberstehen. Erfahrungen zeigen aber, daß man im gegenseitigen Gespräch oft zu einer günstigen Lösung kommen kann, wenn insbesondere die Gründe für die Einführung erklärt und somit Gelegenheit gegeben wird, die Sache auch einmal aus einem anderen Blickwinkel zu betrachten.

Ist man sich über die Einführung und die Gestaltungsform einig, gilt es Auswahlkriterien für geeignete Mitarbeiter zu erstellen. Nicht jeder Mitarbeiter ist für Telearbeit geeignet oder ist bereit, liebgewonnene Arbeitsgewohnheiten zu ändern. Auch hier sind eine Reihe Gespräche erforderlich. Insbesondere sollte man Ängste der potentiellen Telearbeiter nicht auf die leichte Schulter nehmen. Oft beruhen diese Ängste auf falschen Vorstellungen und Unwissen. Fragen und Befürchtungen sollten ernst genommen werden und mit dem Mitarbeiter eine beiderseits zufriedenstellende Lösung erarbeitet werden. Insbesondere sollten jetzt eventuelle technische Probleme geklärt oder deren Lösung zumindest in die Wege geleitet werden. Und nicht zu vergessen ist schließlich, daß der Ablauf der Arbeiten schriftlich fixiert wird und auf seine Machbarkeit hin geprüft wird.

Kosten

Ein schwieriges Kapitel, das ebenfalls bewältigt sein will, sind die Kosten. Dabei sind eine Reihe an Rechnungsposten zu beachten. Neben den Kosten für die technische Ausstattung sollten auch an die Kosten für eine Schulung und Ausbildung der zukünftigen Telemitarbeiter gedacht werden. Nicht jeder ist mit Netzwerktechniken, Datenfernverbindungen, usw. vertraut. Ein weiterer Kostenpunkt entsteht auch in der Ausstattung des Arbeitsplatzes. Hierbei sollte beachtet werden, daß sich das Büro in der Wohnung des Arbeitnehmers befindet und man deshalb oft nicht auf Standardbürolösungen zurückgreifen kann. Dies gilt auch für die Kommunikationsleitungen mit denen der Mitarbeiter mit der Zentrale verbunden ist. Und nicht zu vergessen sind auch die Kosten für Wartung und Betreuung, diverse einmalige Kosten (Anschaffungen) und laufende Kosten (Strom, Telefon, Miete, usw.)

Rechtliche Veränderungen

Die Einführung von Telearbeit bringt in einigen Bereichen rechtliche Veränderungen mit sich, die es zu beachten gilt. Insbesondere sollte der Arbeitnehmerstatus des zukünftigen Telearbeiters und die Haftungsregelungen geklärt werden. Unter Umständen sind ergänzende Vereinbarungen zu treffen und gegebenenfalls einzelne Arbeitsverträge zu ergänzen oder abzuändern.

Projektbegleitende Schritte

Unbedingt zu empfehlen sind projektbegleitende Schritte nicht nur im Hinblick auf eine Erfolgskontrolle, sondern auch um schnell auf mögliche Verbesserungsvorschläge zu reagieren. Telearbeit wird nämlich in den meisten Fällen ein ganz neues Gebiet sein, in dem man über keine bis wenig Erfahrung verfügt und auf das gängige Regeln nicht unbedingt anwendbar sind. Bei der Kontrolle der Effektivität sollte in jedem Fall der Mitarbeiter mit eingebunden werden. Zum einen erfährt man so am schnellsten, wo etwas hakt und zum anderen beugt man so möglichen Gefühlen fehlender Eingebundenheit in den eigentlichen Betrieb vor.

Und schließlich kann man so am besten eine Entscheidung über die Fortführung oder gar Erweiterung der Telearbeit treffen.

Der optimale Telearbeitsplatz

In diesem Kapitel erfahren Sie, welche technischen Voraussetzungen für die Einrichtung eines Telearbeitsplatzes nötig sind, über welche Kenntnisse Sie verfügen sollten und was Sie bei der Einrichtung beachten müssen.

Bedarfsanalyse

Einen Telearbeitsplatz einzurichten erfordert eine Reihe an Kenntnissen. Die schier unübersichtliche Vielfalt verlangt nach einer genauen Analyse des Bedarfs. Selbst Fachleute haben oftmals Mühe, über das mittlerweile sehr reichhaltige Angebot den Überblick zu behalten. Dennoch sind die technischen „Hürden" nicht unüberwindbar. Bevor Sie allerdings loslegen, sollten Sie zunächst eine Bedarfsanalyse erstellen und wie folgt vorgehen:

Schritt 1: Wo soll man kaufen?

Zunächst einmal stellt sich für Sie die Frage, wo Sie Ihre Ausstattung kaufen. Hier gibt es mehrere Möglichkeiten. Im Prinzip können Sie Ihren Rechner im Versandhandel, direkt beim Hersteller, im Fachhandel, im spezialisierten Fachhandel (Computergeschäft) oder bei einer der großen Computerketten kaufen. Wofür Sie sich entscheiden, bleibt ihren persönlichen Vorlieben überlassen. Allerdings sollten Sie bedenken, daß es oft große Unterschiede bei der Qualität der Geräte und der Beratung gibt. Hier hilft nur ausreichend Information. Nehmen Sie sich deshalb ausreichend Zeit, um den richtigen Händler zu finden. Wenn für Sie auch nach dem Kauf Betreuung und Beratung wichtig sind, sollten Sie einen Fachhandel in Ihrer Nähe suchen. Wenn Sie sich dagegen einigermaßen auskennen und kleinere Probleme selbst beheben können, dann kann etwa der Versandhandel für Sie die richtige Adresse sein.

Schritt 2: Was benötigen Sie wirklich?

Als nächstes sollten Sie aufschreiben, für welche Aufgaben Sie zu erledigen haben. Am besten stellen Sie sich eine Liste zusammen. Zeigen Sie diese auch einmal computerkundigen Freunden, einem erfahrenen

Kollegen oder einfach Ihrem Händler und lassen Sie sich dabei gegebenenfalls beraten.

Denken Sie aber auch an die Zukunft: Welche Aufgaben werden auf Sie zukommen? Sie sollten in jedem Falle darauf achten, daß die neue Geräte sich im Hinblick auf wachsende Anforderungen problemlos erweitern lassen. Die Erfahrung der letzten Jahren hat gezeigt, daß Funktionsumfänge und Anforderungen an die Geräte in einem nicht unerheblichen Umfang zugenommen haben. Es ist gegenwärtig nicht absehbar, wann diese Entwicklung sich verlangsamen wird. Da Sie sich vermutlich nicht jedes Jahr einen neuen Computer kaufen möchten, sollten Sie deshalb auch auf ein hohes Maß an Erweiterbarkeit achten.

Der Rechner am häusliche Telearbeitsplatz

Entgegen weitverbreiteten Behauptungen sind die technischen Anforderungen an einen heimischen Telearbeitsplatz verhältnismäßig gering und in den letzten Jahren auch bezahlbar geworden.

Der Computer

Das wohl wichtigste Arbeitsmittel an einem Telearbeitsplatz ist der Computer. Während lange Zeit sein Hauptarbeitsgebiet die Textverarbeitung war, haben sich seine Möglichkeiten in den letzten Jahren erheblich erweitert. Komplizierte Kalkulationen und knifflige Datenbankenabfragen lassen sich am heimischen Computer genauso bewältigen wie grafische oder textliche Gestaltungen von Dokumenten. Seinen endgültigen Durchbruch als Allroundtalent verdankt er aber seiner Funktion als Kommunikationsschaltzentrale. Über die weltweiten Datennetze verwaltet man Kundendaten, Aufträge und Termine, besorgt sich Informationen per Modem oder ISDN und wickelt Gespräche und sogar Videokonferenzen ab.

Sie werden nicht alle Errungenschaften der Technik benötigen und sollten Ihre wertvolle Zeit und Geld nicht mit unnützen Dingen vergeuden. Unabhängig von Ihrem Anforderungsprofil erfordern die Rechner aber eine Mindestausstattung, damit Sie möglichst effektiv damit arbeiten können.

Der Prozessor

Der Prozessor wird auch als Motor des Computers bezeichnet. Er erledigt die wichtigsten Aufgaben des Computers (Rechnen, Daten transportieren, vergleichen, usw.). Es gibt eine Reihe von Herstellern dieser Prozessor-Chips. Seit Jahren ist hier die Firma Intel führend. Deren Produkte bestimmen auch die Klassen, nach denen Prozessoren üblicherweise eingeteilt werden.

Die folgende Aufstellung zeigt die heute üblichen Prozessoren mit ihrer Leistungsfähigkeit von links nach rechts.

486 ➔ Pentium ➔ Pentium Pro ➔ Pentium II

Gegenwärtig sind die Prozessoren der Pentium- und Pentium Pro-Klasse Standard. Es handelt sich hierbei um 32-bit-Prozessoren. Während es sich bei den 486er (16-Bit-Prozessor) um Auslaufprozessoren handelt, zu denen Kauf man eigentlich nicht mehr raten kann, ist schon für Mitte 1997 die nächste Generation der Intel-Prozessoren (Pentium II) angekündigt.

Beachten Sie auch, daß sich diese Klassenbezeichnungen nach der Einteilungen der Firma Intel eingebürgert haben. Prozessoren andere Hersteller können z.B. als 586 bezeichnet sein, bringen aber nicht unbedingt die Leistung eines Pentiums. Da Zahlen nicht geschützt werden können und so Verwechslungen möglich sind, ist die Firma Intel nicht zuletzt deswegen dazu übergegangen die Prozessoren mit Namen (Pentium) zu versehen.

Darüber hinaus sollten Sie auf ein weiteres Merkmal der Prozessoren achten. So wie in einem Auto verschiedene Motoren die Leistung bestimmen, gibt es auch eine Reihe von Prozessoren, die sich in der Leistung (= Geschwindigkeit) unterscheiden. Diese Geschwindigkeit wird in Megahertz (MHz) angegeben, das bedeutet Millionen Takte pro Sekunde. Die heutige Spannweite reicht in der aktuellen Pentiumklasse von 120 bis 200 MHz. Aber Vorsicht! Die MHz-Angabe bestimmt nicht allein die Geschwindigkeit. Viel wichtiger ist, daß das Komplettsystem harmonisch aufeinander abgestimmt ist. So mancher schnelle Chip wurde durch eine langsame Komponente (etwa die Grafikkarte) wieder ausgebremst.

Die gegenwärtig neueste Generation, der Pentium Pro, besteht eigentlich aus zwei Chips, die sich auf einer Platine befinden. Er verfügt in etwa über die doppelte Rechenleistung eines Pentiums mit gleicher Taktfrequenz. Erreicht wird dies durch eine hochgradige parallele und dynamische Verarbeitung der Befehle. Allerdings benötigt dieser Rechner ausschließlich 32-Bit-Software, um seine Leistung vollständig zu entfalten.

Motherboard und Bussystem

Eine weiterer wichtiger Aspekt im Zusammenhang mit dem Prozessor ist das verwendete Motherboard und die verwendeten Datenleitungen. Beim Motherboard handelt sich um die sogenannte Hauptplatine auf der sich neben dem Prozessor noch eine Reihe weiterer Elemente befinden.

Der Datentransfer zwischen Komponenten (Festplatte, Prozessor, Arbeitspeicher oder andere Laufwerke) läuft dabei über die sogenannte Busarchitektur. Diese Verbindungsleitungen, die eine Zusammenfassung mehrere Leitungen zur Übertragung von Informationen darstellen, nennt man Bus. Da heutige Prozessoren nur binäre Daten (d.h. jede Ziffer kann nur die Werte 0 oder 1 annehmen) verarbeiten können und auf jeder Verbindungsleitung nur eine Ziffer transportiert werden kann, benötigt ein PC mehrere Leitungen, um die notwendige Daten auszutauschen. Das Bussystem mit relativer Zukunftssicherheit ist der PCI-Bus. Wenn es Ihr Geldbeutel zuläßt, sollten Sie auch überlegen, ein etwas teueres SCSI-Bus-System zu erwerben. Ein wesentlicher Vorteil dieses Systems ist, daß Sie Peripheriegeräte unabhängig vom Standard austauschen können. So ist es z.B. möglich ein und dieselbe Wechselfestplatte an einen PC und einen MAC anzuschließen. In Zeiten gigantischer Datenmengen und flexiblen Datenaustausch ein nicht zu unterschätzender Vorteil.

Arbeitspeicher

Wenn ein Prozessor Daten verarbeiten soll, muß er diese und mögliche Zwischenergebnisse natürlich aufbewahren. Da der Prozessor nur über wenige solcher Speicherplätze verfügt, benötigt er zusätzliche Speicher. Diese findet er auf zusätzlichen Speicherbausteinen, die nichts anderes können, als Daten aufzubewahren und dem Prozessor auf Anfrage zu liefern. Dies Bausteine nennt man RAM (Random Access Memory). Die Größe dieses Arbeitspeichers wird, wie bei den Festplatten, in Megayte (MB) angegeben.

Als Basisausstattung sollten Sie 8 MB, wenn Sie Windows 95 installiert haben, besser 16 MB verwenden. Bei OS/2 oder für sehr große Datenbanken oder Grafiken, sollten es schon 32 MB sein. Aber auch, wenn Sie mit mehreren Programmen zur gleichen Zeit arbeiten, macht sich ein ausreichender Arbeitsspeicher positiv bemerkbar.

Schließlich sollten Sie darauf achten, daß Ihr neuer PC über 256 oder 512 Kilobyte (kB) Cache verfügt. Der Cache (= Zwischenspeicher) ist ein Mechanismus zur Beschleunigung langsamer Speicherbausteine. Alle Daten, die der Prozessor häufig bzw. mehrmals hintereinander benötigt werden zusätzlich in diesen sehr schnellen Zwischenspeicher abgelegt. Da diese Daten folglich nur einmal geladen werden müssen, entfällt bei einem erneuten Zugriff die Ladezeit. Der Prozessor kann auf diese Daten aus superschnellen Bausteine sofort zugreifen.

Schnittstellen

Schnittstellen sind Verbindungsmöglichkeiten zur Außenwelt des PCs. Wenn sie einen Drucker oder eine Maus an den PC anschließen wollen, benötigen Sie eine entsprechende Anschlußmöglichkeit, eben diese Schnittstellen. Man unterscheidet zwei Arten: die parallele und die serielle Schnittstelle.

Ihr neuer Rechner sollte über mindestens eine parallele Schnittstelle verfügen. In der Regel wird daran der Drucker angeschlossen (deshalb trägt sie auch die Bezeichnung LPT für Line-Printer). Die Datenübertragung auf dieser Schnittstelle erfolgt byteweise (also „zeichenweise").

Desweiteren benötigen Sie mindestens eine serielle Schnittstelle für die Datenübertragung. Diese Schnittstelle wird als COM (für Communication Port) bezeichnet. Der Datenfluß erfolgt hier nur bitweise. Das bedeutet, daß die serielle Übertragung im Gegensatz zur parallelen wesentlich langsamer ist. Da an die serielle Schnittstelle ein externes Modem angeschlossen werden kann, sollten Sie darauf achten, daß Ihr Rechner mindestens über zwei dieser Schnittstellen verfügt, da ein Anschluß immer von der Maus belegt ist.

Festplatten

Die Daten aus dem Arbeitspeicher gehen unweigerlich verloren, wenn Sie dem PC den Strom entziehen, etwa wenn Sie ihn ausschalten oder er abstürzt. Deshalb müssen Sie dauerhaft gesichert werden. Man erreicht das in dem die elektrischen Signale magnetisch abgespeichert werden. Diese Aufgabe übernehmen in erster Linie die Disketten und die Festplatten.

Bei einer Festplatte handelt es sich um eine magnetische Scheibe, die sich unter einem Schreib-/Lesekopf dreht. Beim Schreiben wird nun eine wechselnde Magnetisierung aufgebracht, die, da physikalisch vorhanden, nicht so leicht verschwinden kann. Beim Zurücklesen wird diese Information wieder in elektrische Signale zurück verwandelt, die der Computer verstehen kann.

Wegen des immer größer werdenden Umfangs ist es ratsam, die Festplattenkapazität nicht zu klein zu wählen. Mittlerweile sind Festplatten im Gigabereich (1 Giga sind 1000 Megabyte) recht preiswert zu erhalten. Sie sollten deshalb auch hier an Ihren Bedarf und an die Zukunft denken und lieber eine Nummer größer wählen.

Ein weiteres wichtiges Kriterium für die Geschwindigkeit ist schließlich noch die Zugriffszeit. Darunter versteht man die Zeit, die lange das Laufwerk benötigt, um eine beliebige Information auf der Festplatte zu finden. Hier gilt heutzutage 13 ms schon als unterer Wert.

Controller

Alle weiteren Geschwindigkeitsfaktoren hängen auch vom verwendeten Controller ab. Damit wird die Elektronik bezeichnet, die die Festplatte steuert. Sie verwaltet die Festplatte und wandelt die Daten, die zwischen Festplatte und Rechner geschickt werden.

Generell unterscheidet man zwischen zwei Standardverfahren, die recht unterschiedlich sind und ihre jeweiligen Vorzüge haben: Sie werden als (E)IDE- und SCSI-Controller bezeichnet.

Der IDE-Controller (für Integrated Device Electronic) ist ein noch relativ junger Standard, der dadurch gekennzeichnet ist, daß ein großer Teil der Festplattenelektronik auf die Festplatte ausgelagert ist. Bei einer IDE-Festplatte verbindet zudem das Festplattenkabel nicht nur den Controller mit der Festplatte, sondern auch mit den Rechner. Dadurch kann die Verbindung über eine einzelne 40polige Datenleitung erfolgen. Ein wesentlicher Nachteil dieser Technik ist jedoch, daß lediglich maximal zwei Festplatten (bzw. eine Festplatte und ein CD-ROM-Laufwerk) angeschlossen werden können. Dieser Engpaß wurde erst durch den EIDE-Standard zumindest teilweise behoben. Hier befindet sich ein zweiter Port auf dem Motherboard, so daß man maximal vier Peripheriegeräte (bzw. drei Festplatten und ein CD-ROM-Laufwerk) anschließen kann, was im normalen PC-Bereich auch völlig ausreicht.

Der SCSI-Standard ist mehr in anderen Computerwelten (etwa Apple Macintosh) fest etabliert. Bei ihm sind die Peripheriegeräte mit einer eigenen „Intelligenz" ausgestattet, und der Controller vermittelt sozusagen zwischen diesen Welten. Neben Festplatten gibt es zudem eine ganze Reihe von anderen Geräten, die sich an das SCSI-Interface anschließen lassen: Streamer, Drucker, Scanner, Wechselfestplatten und vieles mehr. Bis zu acht dieser verschiedenen Einheiten können über ein einziges 50poliges Gerät in Reihe angeschlossen werden.

Allerdings sei nicht verschwiegen, daß SCSI-Festplatten bisher im PC-Bereich eher eine untergeordnete Rolle spielen. Dies ist historisch bedingt, da sie nicht vom IBM-Standard, von dem sich alle heutigen PC ableiten, unterstützt wurden. Daraus ergibt sich, daß für die Ansteuerung durch die Software keine Normen existieren, wodurch jedes Betriebssystem einen separaten Harddisktreiber benötigt. Trotzdem ist SCSI der einzige Standard, der so offen ist, daß auch neue Speichermedien wie Wechselplatten oder optische Laufwerke problemlos in das System integriert werden können.

Diskettenlaufwerke

Praktisch alle Personal Computer werden mit mindestens einem Diskettenlaufwerk ausgeliefert. Disketten stellen als Datenspeicher eine gute Kombination aus Preis, Kapazität, Wiederbeschreibbarkeit und Wechselbarkeit dar.

Das gängigste Diskettenformat enthält 1,4 MB Speicherkapazität und wird nach seiner Größe mit der amerikanischen Bezeichnung 3,5 Zoll gekennzeichnet. Diese Kapazität reicht heutzutage jedoch kaum aus. Immer mehr Leute kämpfen angesichts wachsender Datenmengen mit Speicherproblemen. Abhilfe können zum Teil Spezialdisketten mit einer Kapazität von bis zu 100 MB, wie etwa das ZIP-Drive, bringen. Allerdings sind die Zugriffszeiten von ca. 29 ms relativ hoch. Seit Frühjahr 1997 sind darüber hinaus die neuen Diskettenformate von 120 bzw. 128 MB auf den Markt, die das neue Standardformat werden dürften.

CD-ROM-Laufwerk

Viele Programme gibt es inzwischen nur noch auf einer CD-ROM. Die Abkürzung steht dabei für „Read Only Memory". Daraus folgt, daß es sich um kein Speichermedium für Ihre Daten handelt, da diese Scheibe nur gelesen, nicht aber beschrieben werden kann. Wer allerdings schon einmal die über 30 Disketten des Microsoft Office-Pakets installiert hat, weiß zu schätzen, wenn er lediglich eine CD-ROM einlegen muß.

CD-ROM-Laufwerke gehören zum Standard moderner Rechner und sollten deshalb in jedem neuen Rechner zu finden sein. CD-ROM-Laufwerke werden nach Ihrer Datentransferrate bezeichnet. Ausgehend von dem Standard, den die Musik-CD prägten, nämlich 150 kB/s und den man als Singlespeed bezeichnete, finden sich Laufwerke mit 2facher, 4facher, 6facher, 8facher und sogar 12facher Geschwindigkeit. Falls Sie jedoch nicht regelmäßig Multimediaanwendungen oder Videos anschauen, genügt bereits ein Gerät mit 4-facher-Geschwindigkeit, was einer Rate von 600 kB in der Sekunde entspricht.

Streamer

Die Datensicherheit sollte in Ihren Überlegung einen großen Raum einnehmen. Nichts ist schlimmer, als durch einen Fehler die Arbeit von Tagen zu verlieren. Deshalb sollten Sie regelmäßig Ihre Daten sichern. Dabei reicht es aus, wenn Sie nur die eigentlichen Daten und nicht etwa die gesamten Programme sichern. Bei letzteren verfügen Sie über den Diskettensatz oder die entsprechende CD-ROM, so daß Sie die Programme wieder leicht rekonstruieren können.

Anders verhält es sich mit den von Ihnen erstellten Daten. Bei größeren Mengen sollten Sie einen Streamer verwenden. Dabei handelt es sich um ein Gerät, das ähnlich Ihrem heimischen Kassettenrecorder, ein magnetisches Band zur Speicherung verwendet. Diese Bänder haben eine wesentlich höhere Kapazität als eine Diskette. Angesichts der heute üblichen Datenmengen würden Sie andernfalls eine sehr große Anzahl an Disketten benötigen und eine ganze Weile damit beschäftigt sein, eine nach der anderen in den Schlitz zu füttern. Gängige Streamer können mittlerweile bis zu einem Gigabyte aufzuzeichnen und auch in einem Zug wieder zurück übertragen.

Der Monitor

Die Auswahl an Bildschirmen ist sehr groß. Deshalb ist auch hier eine umfangreiche Information erforderlich. Beachten Sie bei der Auswahl aber auch, daß für eine optimale Bildschirmdarstellung die richtige Kombination Grafikkarte – Monitor mindestens ebenso wichtig ist.

Monitore gibt es in verschiedenen Größen, wobei sich die Angaben auf die Bildschirmdiagonale beziehen. Der 15 Zoll-Monitor ist gegenwärtig Standard. Dies entspricht einer Diagonalen von gut 38 cm. Wenn möglich sollten Sie mehr Geld investieren und zu einem 17 Zoll-Monitor, also rund 43 cm Diagonale, greifen. Für die Vielschreiber unter Ihnen ist durchaus ein 21-Zoll-Monitor ratsam, da er eine ganze Din A 4-Seite problemlos als Ganzes darstellen kann. Allerdings verfügen diese Geräte wegen der Bildröhre über eine größere Gerätetiefe. Sie sollten deshalb vorher ausmessen, ob der Monitor auch auf Ihren Schreibtisch paßt. Denken Sie auch daran, daß das Gerät nicht zu dicht vor Ihren Augen stehen sollte. Als Faustregel können Sie sich merken, daß der ausgestreckte Arm gerade noch den Schirm berühren sollte.

Grafikkarte

Um den Bildschirm anzusteuern, benötigen Sie auch eine Grafikkarte. Diese ist auf das Motherboard aufgesteckt und kann so gegebenenfalls problemlos aufgerüstet werden. Die Grafikkarte sollte eine hohe Auflösung erhalten, z.B. 800 x 600, 1024 x 768 Pixel (Punkte) und 16,7 Millionen Farben darstellen können. Zwar genügen 1 MB DRAM bzw. VRAM, wenn Sie Windows-Programme verwenden, greifen Sie besser gleich zur 2 MB-Karte, der Bildschirmaufbau wird dadurch wesentlich flüssiger.

Ein gewichtiges Kriterium ist die Bildwiederholfrequenz, die einen flimmerfreien Aufbau ermöglicht. Sie sollte mindestes 75 Bilder pro Sekunde (Hz) erreichen.

Strahlungsarmer Monitor

Bei der Bildschirmdarstellung hat nicht nur die Qualität der Darstellung Einfluß auf die Belastung, sondern auch die vom Monitor abgegebene Strahlung. Zwar liegt die Strahlung der Elektronenröhren weit unter den zulässigen Grenzwerten, aber wer ganz sicher gehen will und häufig lange vor dem Bildschirm sitzt, sollte sich nach „strahlungsarmen" Monitor umschauen.

Achten Sie in jedem Fall auf eine ordentliche Entspiegelung. Wenn man den Rechner beispielsweise gegenüber einem Fenster aufstellt, führen Spiegelungen schnell zu einer kaum lesbaren Darstellung und nach einiger Zeit zu ziemlichen Kopfschmerzen.

Achten Sie beim Kauf eines Monitors auch auf genügend Einstellmöglichkeiten. Sie sollten in der Lage sein, die Darstellung immer den unterschiedlichen Raumhelligkeiten anzupassen. Ihr Gerät sollte mindestens über folgende Einstellknöpfe (in Klammer die gebräuchlichen englischen Bezeichnungen) verfügen: Kontrastregelung (Contrast), Helligkeitsregelung (Brightness), Einstellen der Bildbreite (H-Size), Einstellen der Bildhöhe (V-Size), Justage der horizontalen Bildlage (H-Shift), Justage der vertikalen Bildlage (V-Shift).

Im Idealfall sollte der Monitor darüber hinaus über einen speziellen Schalter verfügen, mit dem man die Bildröhre entmagnetisieren kann. Sollten Sie im Laufe der Zeit nämlich Verschiebungen bei der Farbwiedergabe feststellen, können Sie mit diesem Knopf die Originaldarstellung wieder einstellen.

Eingabegeräte

Um mit dem Computer zu kommunizieren benötigen Sie schließlich noch Eingabegeräte. Die beiden wichtigsten sind die Tastatur und die Maus.

Tastatur

Grundsätzlich ähnelt eine Computertastatur der Tastatur einer Schreibmaschine (Buchstaben, Zahlen und Satzzeichen). Zum Glück haben sich hier einige Standards durchgesetzt, so daß alle Tastaturen mehr oder minder gleich strukturiert sind. Im Unterschied zur Schreibmaschine verfügt jede Computertastatur über einige Sondertasten, mit denen sich spezielle Funktionen eines PCs auslösen lassen. Diese Tastaturen werden als Multifunktionstastatur (kurz MF) bezeichnet. Darüber hinaus gibt es Tastaturen, die über zusätzliche Tasten verfügen. Wer mit Windows 95 arbeitet, wird insbesondere die drei neuen Sondertasten für die Taskleiste und die Pulldownmenüs bald nicht mehr missen wollen.

Achten Sie beim Kauf auf den Druckpunkt und die Verarbeitungsqualität. Hier sollten Sie möglichst ein paar Zeilen schreiben. Die Vielschreiber sollten eine Tastatur mit Handballenauflage erwerben, um vorzeitige Ermüdungen zu vermeiden.

Maus

Die Maus hat sich neben der Tastatur zum wichtigsten Eingabegerät entwickelt. Dieser Prozeß wurde nicht zuletzt durch die immer komfortablere Bedienung der Programme mittels einer grafischen Benutzeroberfläche ermöglicht. Mit der Maus steuern Sie den Cursor an die Position, an der er gerade gewünscht wird.

Während in der Regel die Tastatur bei einem Komplettpaket dabei ist, müssen Sie die Maus oft noch extra erwerben. Achten Sie dabei darauf, daß es grundsätzlich zwei verschiedene Anschlußmöglichkeiten an den PC gibt: Entweder wird eine spezielle Karten in den PC eingebaut (sogenannte Bus-Maus) oder die Maus wird an die serielle Schnittstelle an der Rückseite des Systemgehäuses angeschlossen. Wenn Sie also mit einer Maus arbeiten wollen oder angesichts moderner Betriebssysteme müssen, sollten Sie darauf achten, daß der PC über eine solche Anschlußmöglichkeit verfügt.

Mäuse gibt es mit zwei oder drei Tasten. Bei solchen mit drei Tasten sollten immer per Soft- oder Hardware von 3 auf 2 Tasten, den microsoftkompatiblen Modus, umgeschalten werden können, da insbesondere Windows die 2-Tasten-Maus benötigt.

Achten Sie beim Kauf auch unbedingt darauf, daß der sogenannte Maustreiber mitgeliefert wird. Dabei handelt es sich um ein Programm, welches einen weiteren Cursor, eben den Mauszeiger, auf dem Bildschirm anzeigt und steuert. Sollte dieses Programm fehlen, so können Sie trotzdem die Maus in Betrieb nehmen. Die modernen Betriebssysteme enthalten oft eigene Maustreiber. Allerdings können Sie dann nicht über den vollen Funktionsumfang der Maus verfügen.

Generell unterscheidet man zwischen zwei Arten von Mäusen: der mechanischen und der optischen. Bei der mechanischen Maus rollt eine Kugel entsprechend der Bewegung der Maus auf der Arbeitsfläche und bewegt dementsprechend zwei oder mehr kleine Andruckrollen für die verschiedenen Bewegungseinrichtungen. Diese Rollen erzeugen elektrische Impulse, die über das Verbindungskabel oder per Infrarotstrahl zum PC übertragen werden. Beim Kauf sollten Sie darauf achten, daß die Maus eine möglichst schwere Kugel besitzt, so daß Sie den Mauszeiger punktgenau führen können und eine sichere Bodenhaftung gewährleistet ist.

Eine optische Maus, die man überwiegend im grafischen Bereich findet, muß auf einer speziellen Arbeitsfläche (dem Maustablett) bewegt werden, die dünne Linien enthält. Durch die LEDs an der Unterseite wird das Licht auf das Maustablett geworfen, die Veränderungen an den Linien kann von einem speziellen Empfänger der Maus (Fototransitor) registriert werden. Dadurch kann die Maus quasi die überfahrenen Linien zählen und somit die zurückgelegte Entfernung feststellen.

Software

Die für den Betrieb erforderliche Software richtet sich nach dem Einzelfall. Ist ausschließlich mit Schreibarbeiten zu rechen, dann reicht neben dem Betriebssystem eine Textverarbeitung völlig aus. Sie sollten dabei allerdings darauf achten, daß diese möglichst viele Im- und Exportfilterfunktionen besitzt. Nur so können Sie die geschriebenen Texte in ein anderes Format „übersetzen" und so Ihren Kunden zugänglich machen.

Wenn Sie eine Adress- und Kundendatenbank anlegen wollen, sollten Sie darüber hinaus gleich zu einer Textverarbeitung mit einer derartig integrierten Funktion greifen. Andernfalls benötigen Sie dafür entweder ein spezielles Programm oder ein Datenbankprogramm.

Wenn Sie Berechnungen durchführen wollen, etwa ihre Buchhaltung selber machen wollen, sollten Sie schließlich noch über eine Kalkulationsprogramm verfügen.

Ideal sind Programmpakete, wie etwa MS Works, die alle diese Teile bereits enthalten und relativ preiswert sind. Allerdings erreichen diese Programme nicht die Qualität und den Umfang der sogenannten Office-Pakete (etwa MS Office). Diese enthalten alles, was Sie für den Büroalltag benötigen. Sie sind aber sehr umfangreich und benötigen dementsprechend eine nicht unerhebliche Einarbeitungszeit.

Drucker

Obwohl man bei Computern von elektronischer Datenverarbeitung spricht, kommt man in den meisten Fällen um den Ausdruck der Daten und Texte nicht herum: Das papierlose Büro liegt in weiter Ferne und dürfte vermutlich nie Wirklichkeit werden.

Bei den Druckern unterscheidet man nach der Funktionsweise, die je nachdem spezifische Vor- und Nachteile haben. Daneben spielt der Preis eine erhebliche Rolle.

Der Telearbeiter kann unter recht unterschiedlichen Systemen mit ihren jeweiligen Vor- und Nachteilen auswählen:

Nadeldrucker

Lange Zeit waren die Nadeldrucker sehr weit verbreitet. Das hatte seinen Grund zum einen darin, daß Sie relativ preiswert waren und erstmals beliebige Informationen (Text und Grafiken) drucken konnten. Auf der anderen Seite stand dagegen die erhebliche Lärmbelastung. Nadeldrucker findet man deshalb heute nur noch selten. Ihre einzige Berechtigung dürften sie nur noch im Erzeugen von Durchschlägen (z.B. bei der Eingabe in Formularsätzen) oder beim Bedrucken von Endlospapier haben.

Tintenstrahldrucker

Beim Tintenstrahldrucker drücken keine Nadeln auf ein Farbband gegen das Papier, sondern Tintendüsen „schleudern" kleine Tröpfchen Tinte auf das Papier.

Sie werden zwei unterschiedliche Verfahren finden: das „Bubble-Verfahren" und das „Drop-On-Demand-Verfahren„. Bei erstem wird die Tinte in einem Röhrchen erhitzt. Dadurch entsteht eine kleine Gasblase, die durch den Überdruck einen Tropfen Tinte durch die Düse zum Papier steuert. Ein Nachteil ist, daß man die Größe des Tropfens nicht genau steuern kann, allerdings ist das Verfahren relativ preiswert. Beim zweiten, allerdings teureren, Verfahren, wird dagegen ein spezielles Material verwendet, dessen Form und Ausdehnung sich durch elektrische Impulse genau steuern läßt (mit einem sogenannten Piezoelement). Dadurch wird ein kurzzeitiger Überdruck erzeugt, der ein Tröpfchen, dessen Tintenmenge steuerbar ist, aus der Düse schleudert.

Tintenstrahldrucker bieten heute ein sehr gutes Preis-Leistungs-Verhältnis. Insbesondere wurden Verfahren, die das Eintrocknen der Tinte verhindern entwickelt und das Schriftbild erheblich verbessert. Sie stellen so eine Alternative zu den Laserdruckern da und kommen deren Druckqualität erheblich nahe, ohne in deren Preisregionen vorzudringen.

Laserdrucker

Laserdrucker verbinden hohe Druckqualität und -geschwindigkeit mit geringer Geräuschentwicklung. Sie funktionieren nach einem ähnlichen Prinzip wie Fotokopierern: Ein Laserstrahl überträgt die Papiervorlage auf eine elektrisch geladene Trommel, die sich mit gleichmäßiger Geschwindigkeit dreht. Wo der Laserstrahl die Trommel trifft, wird diese elektrisch entladen, und der Toner (Farbpulver) haftet dort. Diese Stellen werden geschwärzt. Anschließend wird das Papier an der Trommel vorbeigeführt und durch den Toner gefärbt. Diese Färbung wird durch Hitze dauerhaft fixiert.

Laserdrucker enthalten ein aufwendiges Spiegelsystem zur präzisen Steuerung des Laserstrahls. Daneben verfügen sie über einen eigenen Arbeitsspeicher. Daher sind sie teuerer als Tintenstrahl- oder Nadeldrucker. Daneben sind sie relativ stör- und wartungsanfällig, so daß sich erheblich höhere Druckkosten als bei anderen Drucktechniken ergeben.

PostScript-Drucker

Bei einem Post-Script-Drucker handelt es sich um einen (Laser)-Drucker mit einem eigenen Prozessor und einem großen Arbeitsspeicher, die sich beide in einer speziellen Programmiersprache (eben jenes Post-Script) programmieren lassen. Dabei werden die zu druckenden Texte nicht zeichenweise und die Grafiken nicht punktweise vom PC zum Drucker gesandt, sondern die Gestaltung der Seite geschieht im Drucker selbst. Daher nennt man PostScript auch eine „Seitenbeschreibungssprache". Zu diesen Drucker sollten Sie greifen, wenn Sie im grafischen Bereich arbeiten oder wenn Sie größere Publikationen herstellen wollen.

Scanner

Ein weiteres Gerät, das dem Heimarbeiter die Arbeit erleichtern kann ist der Scanner. Damit können Sie Vorlagen, die Ihnen auf Papier vorliegen, sei es Grafiken oder Texte, digitalisieren, so daß Sie sie am Computer bearbeiten können.

Während Handscanner mittlerweile schon für unter 100 DM zu bekommen sind, sollten Sie sich trotzdem für einen Flachbettscanner entscheiden. Bei diesen Geräten entfallen unscharfe oder verwackelte Scanns. Außerdem können Sie in einem Arbeitsgang eine größere Fläche, in der Regel DIN 4, einscannen.

Besonders bewährt haben sich für Telearbeiter auch OCR-Programme. Dabei handelt es sich um Programme, welche den eingescannten Text so umwandeln, daß Sie ihn in Ihrer Textverarbeitung mühelos weiterverarbeiten können. Ein Scanner liest das Bild nämlich als Grafik ein, mit der

Ihre Textverarbeitung nichts anfangen kann. Die Erkennungsrate bei guten Programmen liegt bei über 95%, was natürlich von der Vorlage und auch dem verwendeten Programm abhängt. Diese Programme sind, einzeln gekauft ziemlich teuer. Allerdings packten viele Scannerhersteller sogenannte Lightversionen zu ihren Produkten dazu. Diese Software ist zwar in ihrer Funktionalität etwas eingeschränkt, die ganze Palette benötigen aber ohnehin nur wenige, so daß Sie mit diesen Lösungen sehr gut fahren.

Achten Sie weiter darauf, daß die Vorlage in einem einzigen Scandurchgang (sogenannte Single-Pass-Scanverfahren) eingelesen wird. Billige Geräte fahren bei farbigen Vorlagen bis zu viermal über die Vorlage. Der Scanvorgang kann so ziemlich lange dauern.

Obwohl die meisten Scanner einen SCSI-Anschluß verlangen, können Sie diese auch an ihren normalen PC anschließen. Die erforderliche SCSI-Karte (oft als Adaptec-Karte bezeichnet) wird mitgeliefert und muß lediglich in einen freien Steckplatz in Ihrem PCs eingesteckt werden.

Auch hier gilt, was schon zu den Mäusen erwähnt wurde, achten Sie auf beigefügte Treiber. Windows 95 erkennt z.B. nicht alle angeschlossenen Scanner automatisch, so daß Sie die Treiber von Hand einfügen müssen. Das ist zwar meistens unproblematisch, aber doch mit einigem Aufwand verbunden.

Der schnelle Weg: Das Nullmodemkabel

Viele Telearbeiter verfügen über mehr als einen Computer. Der Grund dafür kann z.B. der Umstieg auf den leistungsfähigeren Prozessor sein oder man benötigt für die mobilen Einsätze ein Notebook. In diesem Fall stellt sich häufig die Frage, wie man nun am besten Dateien vom einen Computer zum anderen transportiert.

Natürlich könnte man sich ein kleines Netzwerk aufbauen – das lohnt sich aber nur dann, wenn die ständige Interaktion gefragt ist. Das andere Extrem ist das im Volksmund sogenannte „Turnschuhnetz“ (englisch: sneaker): Die Datei wird auf eine Diskette kopiert, man „läuft“ dann zu den anderen Rechner und liest die Dateien dort wieder ein. Aber selbst wenn beide Computer mit dem gleichen Betriebssystem arbeiten, kann das im Laufe der Zeit bei häufigem Datenaustausch etwas mühselig werden.

Ein Nullmodem (auch als serielle Verbindung bezeichnet) ist hier der goldene Mittelweg, der über alle Betriebssystemgrenzen hinweg auf bequeme Weise auch den häufigen Austausch voluminöser Dateien schnell und einfach erlaubt. Beide Computer brauchen dazu lediglich je ein Kommunikationsprogramm und eben jenes Nullmodemkabel, das ihre seriellen Schnittstellen miteinander verbindet. Statt über den Weg Computer – Modem – Telefonnetz – Modem – Computer werden die fraglichen Dateien dann direkt über den Weg Computer – Nullmodemkabel – Computer gesendet. Als Notebookbesitzer sollten Sie sich in jedem Fall ein solches Kabel besorgen. Sie erhalten es in jedem Computerladen für wenig Geld. Besonders beim Datentransfer auf fremden Rechner lassen mit geringen Aufwand so manche Probleme lösen.

Der Computer Kauf

Für den Telearbeiter ist der Computer das wichtigste Arbeitsgerät. Eine falsche Entscheidung kann Sie hier erheblich Geld und Nerven kosten. Bevor Sie einen Computer kaufen sollten Sie unbedingt eine persönliche Bedarfsanalyse – wie oben dargestellt – vornehmen. Dabei sollten Sie sich eine Checkliste, ähnlich der folgenden, anlegen:

CHECKLISTE COMPUTERKAUF	
Gehäuse	Empfehlenswert ist, wegen der besseren Aufrüstmöglichkeit, ein Towergehäuse. Leider beachten die Hersteller nicht immer die DIN-Norm für Schreibtische. Messen Sie deshalb vorher unbedingt die Höhe unter dem Schreibtisch aus!
Prozessor	Als guter Mittelweg stellt sich hier ein Rechner der Intel Pentium 133 MHz Klasse dar.
Speicher	Mindestgröße unter Windows 95 ist hier 8 MB. Angesichts günstiger Preise sollten Sie gleich auf 16 MB RAM, aufrüsten. Optimal (außer Grafikbereich) sind zur Zeit 32 MB.
Cache	Mind. 256 kB
Festplatte	Mind. 1 GB, eher mehr; Anschluß über EIDE oder SCSI.

CD-ROM-Laufwerk	4-fach Geschwindigkeit genügt; (E)IDE- oder SCSI-Anschluß.
Disketten-laufwerk	3,5 Zoll (= 8,9 cm) mit 1,44 MB Kapazität.
Grafik-karte	Mind. 1 MB, 75 MHz sollten darstellbar sein.
Monitor	15, 17 oder 21 Zoll nach Bedarf und Geldbeutel, wichtig ist in jedem Fall eine möglichst strahlungsarme und flimmerfreie Darstellung.
Tastatur	Multifunktionstastatur, gegebenenfalls mit Windowstasten, achten Sie auf das individuelle Schreibgefühl.
Maus	Microsoftkompatible 2-Tasten-Maus; auf entsprechende Treiber achten.
Drucker	Farb- oder SW nach Anforderung, Tintenstrahl- oder Laserdrucker; achten Sie auf das Druckbild (Probeausdruck!)
Software	Betriebssystem, Bürosoftware (Officepaket), spezielle Anwendersoftware nach Bedarf.

Notwendiges Zubehör

Neben dem Computer benötigt ein gut ausgestatteter Telearbeitsplatz noch eine Reihe an weiteren Zubehör.

Fotokopierer

Jedes noch so kleine Heimbüro sollte mit einem Kopierer ausgerüstet sein. Wenn Sie nur wenige Kopien benötigen, sollten Sie die Anschaffung eines kleinen Tischgerätes oder eines Mobilgerätes in Erwägung ziehen. Wenn Sie dagegen viele Kopien anfertigen, werden Sie um die Anschaffung eines größeren Gerätes nicht herumkommen. Diese Geräte haben jedoch zwei Nachteile: Zum einen sind sie sehr teuer und zum anderen sehr groß. Sie sollten deshalb vor dem Kauf genau überlegen, für welchen

Zweck Sie das Gerät verwenden wollen. Sicherlich dürfte für Ihre Entscheidung auch der Umfang Ihrer Mailingaktionen wichtig sein. Gehen Sie z.B. noch auf dem herkömmlichen Weg vor, also per Briefpost, sollte zumindest eine Sortierfunktion sowie einem Einzelblatteinzug vorhanden sein.

Mobiltelefon

Für diejenigen, die viel unterwegs sind und dort auch erreichbar sein wollen, bietet sich der (zusätzliche) Erwerb eines Handy an. Die zur Verfügung stehenden Telefonnetze C, D1, D2 und E-Plus, sind heute soweit verbreitet, daß man in jedem Netz von den meisten Orten aus telefonieren kann.

Auf modere Kommunikation wie e-Mail, Fax oder Datenübertragung muß dabei nicht verzichtet werden. Mit dem Notebook und den sogenannten PC-Cards kann man von jedem Ort inzwischen auch fast alles wie von zu Hause aus erledigen.

Bei Ihrer Analyse, ob sich für Sie ein Handy lohnt, sollten Sie unter anderem folgende Punkte beachten:

CHECKLISTE: Benötigen Sie ein Handy?		
	Ja	**Nein**
Sie sind viel unterwegs.		
Sie möchten sofort und immer erreichbar sein.		
Sie möchten kurze Mitteilungen verschicken und empfangen.		
Sie möchten unterwegs in Kombination mit einem Notebook arbeiten.		

Fax

Faxgeräte sind auch im Zeitalter von PCs noch praktisch. Zwar verfügen die meisten Modem- oder ISDN-Karten über eine Faxfunktion. Dies bringt insoweit eine Arbeitserleichterung, als Sie direkt aus Ihrer Textverarbeitung ein Fax absenden können. Nachteil dieser Lösungen ist aber, daß der PC eigentlich immer laufen müßte, um ein ankommendes Fax zu empfangen. Zwar gibt es Geräte, die den PC einschalten können oder bis zu 20 Faxe speichern, angesichts der günstigen Preise, sollte man trotzdem ein separates Faxgerät erwerben.

Bei der Qualität der Faxgeräte sollten Sie solchen die Normalpapier verarbeiten, solchen, die mit Thermopapier arbeiten vorziehen. Letztere sind nämlich nicht dokumentenecht. Nach einiger Zeit verblassen sie und die Schrift verschwindet zum Teil fast vollständig. Deshalb muß von jedem wichtigen Fax, das von einem Thermogerät erzeugt wird, eine zusätzliche Kopie mit dem Fotokopierer erzeugt werden, um den Aufbewahrungsvorschriften zu genügen. Dies zehrt den Preisvorteil dieser Geräte schon nach kurzer Zeit wieder auf.

CHECKLISTE: Benötigen Sie ein separates Normalpapierfax?		
	Ja	**Nein**
Sie bekommen regelmäßig Faxe.		
Sie möchten Ihre Faxe längerfristig archivieren.		
Sie möchten Ihr Faxgerät auch als Drucker benutzen.		
Sie möchten Ihren Computer als Faxempfänger nicht ständig in Betrieb haben.		

Kombigeräte

Die Büros von Telearbeitern sind meistens klein und jeder Quadratzentimeter Platz wird benötigt. TAM-Faxe (aus dem englischen „telephone answering maschine"), also Geräte, die Telefon, Anrufbeantworter und Fax in einem, bieten hier eine gute Alternative. Zudem sind sie preiswert und bieten viele Funktionen der Einzelgeräte. Allerdings handelt es sich hierbei um analoge Geräte: Der ISDN-Anwender kann sie nur mit einem Terminaladapter betreiben. Diese Geräte haben einen entscheidenden Nachteil: Bei Ausfall nur eines der integrierten Geräte, stehen Ihnen während der Reparaturzeit alle nicht mehr zu Verfügung. Die Anschaffung eines solchen Geräte sollte deshalb genau überlegt werden.

Anrufbeantworter

Vielleicht kennen Sie das auch: Obwohl eigentlich seit Jahren bekannt und auch relativ verbreitet, haben immer noch sehr viele Angst, eine Nachricht auf einen Anrufbeantworter zu sprechen und legen lieber wieder auf. Trotzdem sollten Sie Ihr Homeoffice mit einem solchen Assistenten ausrüsten. Die meisten Geschäftsleute sind es gewöhnt, eine Nachricht auf diese Art zu hinterlassen. Nicht jeder möchte sich zu jeder Gelegenheit durch ein Handy stören lassen. Gerade Außendienstmitarbeiter oder Kundenbetreuer, die naturgemäß viel unterwegs sind, können mit Hilfe eines solchen Gerätes immer „erreichbar“ sein. Achten Sie deshalb darauf, daß das Gerät über eine Fernabfragemöglichkeit verfügt. Damit können Sie von jedem beliebigen Ort bei sich zu Hause eingegangene Nachrichten abhören und sofort reagieren.

Videokonferenzsystem

Was noch vor zwei Jahren nur für über 20000 Mark zu haben war und jetzt bereits für ein Zehntel des Preise zu haben ist, wird eine weitere Revolution einläuten: Videokonferenzsysteme. Auch wenn Sie den persönlichen Kontakt nicht ersetzen können, so bieten diese Systeme in vielen Gelegenheiten etliche Vorteile. Gerade wenn längere Strecken zu überwinden sind und es auf eine persönliche Abstimmung ankommt, ist der Kontakt über diese Systeme wesentlich direkter als am Telefon. Und so manche Geschäftsreise kann dadurch erspart bleiben, daß man die persönliche Abstimmung gemeinsam am Bildschirm vornimmt. Gegenwärtig belaufen sich die Preise für Einsteigersysteme auf unter 1500 Mark, im Frühjahr 1997 dürften diese Systeme unter 1000 Mark zu haben sein.

Dieser starke Preisverfall erlaubt so manchem Teleworker, den Zugriff auf die einstmals elitäre Videokonferenztechnik. Und deren Vorteile sind mannigfaltig. Vor allen für jene Telearbeiter, die per Bildschirm in ihrer Firma an Besprechungen teilnehmen wollen, ohne gleich eine Menge Zeit zu verlieren oder Selbständige, deren Kunden bereits über solche Systeme verfügen, kann sich die Anschaffung lohnen.

Die gleichzeitige Übertragung von Daten, Bildern und Tönen benötigt allerdings einen ISDN-Anschluß. Die erforderliche ISDN-Karte ist bei den meisten Videokonferenzerweiterungen bereits enthalten und muß nicht noch extra gekauft werden.

Dank eines genormten Verfahrens (sog. Standard H.320) sind die Geräte auch untereinander kompatibel. Damit besteht die Möglichkeit für die Geräte, die diesen Standard einhalten mit anderen Systemen Kontakt aufzunehmen. Allerdings sei nicht verschwiegen, daß trotz dieser Kompatibilität der Systeme es vor allem in der Bildqualität erhebliche Klassenunterschiede gibt. Dabei spielt vor allem die Belegung der Datenleitungen eine erhebliche Rolle. Während professionelle Bildtelefone und Konferenzanlagen für die Übertragung der datenkomprimierten Bewegtbilder bis zu sechs ISDN-Leitungen (Basiskanäle) nutzen, müssen die PC-gestützten Systeme mit maximal zwei Kanälen auskommen. Das reicht in der Praxis aber vollkommen aus. Solange Sie beim Telefonieren ruhig vor der Kamera sitzen, erreichen die Bilder eine recht ordentliche Schärfe. Kommt jedoch etwas Bewegung ins Spiel, zerfallen die Bilder bei manchen Systemen schnell in grobe Klötzchen, bei anderen kommt der Bildaufbau nicht nach. Daher gilt auch hier, wie bei allen Käufen, der Ratschlag, lassen Sie sich die Geräte vorführen und entscheiden Sie dann, ob sie Ihren Ansprüchen genügen.

Daneben muß noch der Ton übermittelt werden. Die meisten Kameras, die im Regelfall auf den Monitoren angebracht werden, enthalten deshalb ein Freisprechmikrofon. Alternativ oder zusätzlich bieten einige Hersteller einen Kopfhörer mit integrierten Mikrofon an. Diese verfügen fast immer über einen besseren Klang, so daß Sie diese Systemen den Vorzug geben sollten. Außerdem kann man diese an der Kleidung befestigen, so daß die Bewegungsfreiheit nicht leidet.

Und noch eines sei nicht verschwiegen: Anders als die großen Videokonferenzlösungen arbeiten die PC-Systeme grundsätzlich mit Punkt-zu-Punkt-Verbindungen. Das bedeutet, daß sich immer nur zwei Gegenstellen direkt miteinander verbinden lassen. Bildschirmkonferenzen, wie sie heute zum Teil schon in größeren Firmen üblich sind, bei denen sich mehrere Teilnehmer in einem virtuellen Konferenzsaal treffen, verbieten sich so.

Auf eine besondere Funktion sollten Sie aber keinen Fall verzichten: Dem Applications-Sharing oder auch Dokumenten-Sharing. Mit dieser äußerst praktischen Funktion können Sie während der Videositzung gemeinsam mit Ihrem Gegenüber mit demselben Programmen (englisch: applications) arbeiten. So lassen sich z.B. Texte oder Grafiken von beiden Seiten, abwechselnd oder gemeinsam, bearbeiten.

Der mobile Telearbeitsplatz

Arbeiten im Grünen oder bei einem Kunden und trotzdem mit der Firma verbunden sein. Was vor wenigen Jahren noch schier unmöglich und unbezahlbar erschien, ist heute machbar. Der technologische Fortschritt hat die einstigen Geräte für den Schreibtisch (daher der Begriff Desktop) auf handliches Format schrumpfen lassen. Diese tragen ihre Bezeichnung „Notebook" zurecht, haben sie doch mühelos Platz in einem Aktenkoffer.

Bedarfsanalyse

Vielseitig und flexible sind sie, die kleinen Tragbaren, aber leider auch sehr teuer. Allerdings erlauben sie dem Telearbeiter seinen Bürobetrieb auf außerhalb der vier Wände aufrecht zu erhalten. Wie bei den „Großen" sollten Sie auch hier zunächst eine individuelle Bedarfsanalyse erstellen.

Bei Ihrer Entscheidung, ob sich für Sie die (zusätzliche) Anschaffung eines mobilen Büros lohnt, sollten Sie – ähnlich der folgenden Checkliste – Ihr Anforderungsprofil ermitteln:

CHECKLISTE: Kauf eines Notebooks bzw. Einrichtung eines mobilen Büros?		
	richtig	**falsch**
Sie sind viel auf Geschäftsreisen und möchten auf Ihren heimischen PC zugreifen können.		
Sie möchten unterwegs Dokumente präsentieren.		
Sie möchten örtlich ungebunden arbeiten.		
Sie möchten von unterwegs aus Onlinedienste in Anspruch nehmen.		
Sie möchten von unterwegs Internetinformationen abrufen können.		
Sie möchten unterwegs Faxe senden und empfangen können.		

Je mehr Antworten Sie mit „Ja" angekreuzt haben, desto eher sollten Sie sich ein mobiles Büro zulegen, um so ortsunabhängig und überall Ihr Büroarbeiten erledigen zu können.

Ausstattung

Der Prozessor

Wie bei den großen Computern ändern sich die Anforderungen ständig und es ist schwer eine Empfehlung für den Kauf zu geben. In puncto Powerleistung konkurrieren moderne Notebooks durchaus mit leistungsfähigen Tischgeräten. Wie bei den „Großen" gilt aber auch hier: Kaufen Sie lieber eine Nummer größer. Sie sollten deshalb zu einem Pentiumprozessor greifen, wobei die Taktrate zwischen 100 und 200 MHz liegen sollte. Überlegen Sie aber vorher, wieviel Leistung Sie tatsächlich benötigen werden. Denn je höher die Taktfrequenz und damit die Leistung ist, desto mehr Energie erfordert das Gerät.

Arbeitsspeicher

16 MB sind sicherlich optimal, wenn sie mit Windows 95 arbeiten. Im Gegensatz zu den „großen" Rechner ist aber nicht zu mehr Speicher zu raten, da sonst der Akku zu stark belastet wird und ein vernünftiges Arbeiten unterwegs fast unmöglich wird.

Akku

Das entscheidendste Kriterium beim Notebookkauf ist, gerade wenn Sie viel unterwegs sind und Ihren Arbeitsplatz immer dabei haben wollen, die Akkulaufzeit. Am besten wählen Sie hier ein Gerät mit Lithium-Ionen-Akku, die allerdings rund 30% teuerer sind. Die meisten Notebooks der unteren Preisklasse arbeiten mit Nickel-Metall-Hydroid-Akkus. Keinesfalls sollten Sie mehr zu einem Notebook mit Nickel-Cadmium-Akkus greifen. Diese Akkus sind technisch veraltet, leiden unter den Memoryeffekt (d.h. sie „merken" sich den Entladezustand und können, wenn sie nicht vollständig entladen wurden, nach einiger Zeit nicht mehr voll aufgeladen werden) und sind zudem noch problematisch in der Entsorgung.

Bildschirm

Bei den Notebookbildschirmen hat sich in den letzten Jahren einiges getan. Gegenwärtig ist eine Diagonale von 10,4 Zoll Standard, das entspricht rund 26 cm. Damit stehen für Anwendungen wie Textverarbeitung oder Tabellenkalkulation genügend Fläche zur Verfügung. Teure Geräte verfügen über noch größere Displays (11,3, 12,1 und 13,3 Zoll), mit denen sich maximal 1024 x 768 Punkte darstellen läßt.

Bei den Bildschirmen gibt es zwei Varianten: Notebooks mit Aktiv-Matrix-Display in Dünnfilmtransitortechnik (TFT, Thin Film Transitor) oder passiv angesteuerte DSTN-Schirme (Double Super Twisted Nematic). Für welchen dieser Displays Sie sich entscheiden, ist letztendlich eine Frage der Qualität und des Preises. So bieten die Aktiv-Matrix-Displays einen höheren Kontrast, sind wesentlich reaktionsschneller und neigen nicht zu „Schlierenbildung“ und sind selbst aus seitlicher Position noch gut zu lesen. Allerdings erkaufen Sie sich diese Vorteile gegenüber der DSTN-Variante mit gut 700,– bis 1.000,– DM Aufpreis. Aus diese Grunde sollten Sie Ihr zukünftiges Notebook vor dem Kauf genau in Augenschein nehmen und einmal längere Zeit damit arbeiten.

Tastatur

Auch hier kann nur der Rat gegeben werden, daß Sie unbedingt vor dem Kauf die Tastatur ausprobieren sollten. Insbesondere bei der Handhabung, etwa was die Tastaturanordnung angeht, gibt es hier große Unterschiede. Vor allem, wenn Sie das Zehn-Finger-Schreiben gewöhnt sind, sollten Sie darauf achten, daß die Tasten nicht zu klein sind.

Maus(ersatz?)

Auch die Entscheidung, ob Sie eine Maus anschließen oder den eingebauten Mausersatz benutzen, hängt davon ab, wie gut Sie mit der jeweiligen Lösung klarkommen. Bedenken Sie, daß ein eingebauter Trackball (hier bewegen Sie den Cursor über einer Kugel) verhältnismäßig viel Platz benötigt und leider häufig verschmutzt. Die neuere Variante davon, das sogenannte, Touchpad, zeigt sich hier bedienungs- und wartungsfreundlicher. Mit den Fingern werden hier die Mauszeigerbewegungen auf einer berühungssensitiven Fläche gezeichnet und so auf den Rechner übertragen.

CD-ROM-Laufwerk

Sie sollten sich genau überlegen, ob Sie ein CD-ROM-Laufwerk in Ihrem Notebook benötigen. Dies wird nur dann, der Fall sein, wenn sie auch unterwegs CDs (Multimediaanwendungen oder Musik) abspielen wollen. Wollen bzw. müssen Sie nur Programme installieren, dann können sie das auch über eine serielle Verbindung zu einem Desktoprechner erledigen. Als praktisch haben sich auch modular aufgebaute Notebooks erwiesen, bei denen Sie wahlweise ein Disketten- oder CD-ROM-Laufwerk beziehungsweise einen zweiten Akku installieren können.

Erweiterbarkeit

Achten Sie darauf, daß Ihr Notebook über genügend Anschlüsse verfügt. In der Grundausstattung sollten mindestens eine serielle und eine parallele Schnittfläche, ein Anschluß für einen externen Monitor sowie ein Maus- und Tastaturanschluß vorhanden sein.

Als Telearbeiter sollten Sie aber auf keinen Fall auf einen PCMCIA-Steckplatz verzichten. Über einen derartige Erweiterung können sie zusätzliche Festplatten, ein CD-ROM-Laufwerk, ein Modem oder ein Netzwerkadapter anschließen. Diese Steckplätze, die es in zwei Varianten, den Typ-II und dem Typ-III, gibt, sind sozusagen Ihr Tor zur Außenwelt. Dank weltweiter Datennetze ist Ihr Arbeitsplatz „Büro" damit auch fast überall verfügbar. Mit wenigen Handgriffen läßt sich etwa eine Verbindung zwischen dem Notebook und den Großrechnern in der Zentrale herstellen. Und man benötigt nicht unbedingt einmal einen ISDN-Anschluß. Per PCMCIA-Karte und Handy läßt sich die Verbindung auch „drahtlos" herstellen.

Zubehör und Verarbeitung

Vor dem Kauf eines Notebooks sollten Sie unbedingt prüfen, ob das notwendige Zubehör auch zum Lieferumfang gehört. Hier sparen immer noch einige Hersteller. Unbedingt dabei sein sollten ein Netzteil, ein serielles Kabel und eine passende Transporttasche.

Beim Notebook spielt weiter die Verarbeitung eine große Rolle, da sie aufgrund der komplexen Technik und der Belastungen, denen sie ausgesetzt sind, reparaturanfälliger als Desktop-PCs sind. Achten Sie auch darauf, daß die Steckplätze und Anschlüsse gut geschützt sind und nichts klappert oder wackelt. Schließlich sollten Sie einen kompetenten Händler kennen, der Reparaturen schnell und sachgemäß ausführt und Ihnen auch sonst mit Rat und Tat zu Seite steht.

CHECKLISTE: mobiler PC

CHECKLISTE: Mobiler Telearbeitsplatz	
Prozessor	Pentiumprozessor mit einer Taktrate zwischen 100 und 200 MHz.
Speicher	Mindestgröße unter Windows 95 ist hier 8 MB, besser 16 MB.
Festplatte	Minimum 800 MB.
Akku	Lithium-Ionen oder Nickel-Metall-Hydroid
Bildschirm	DSTN genügt, TFT, falls oft unter ungünstigen Lichtverhältnissen gearbeitet wird.
Tastatur	Möglichst Standardanordnung.
CD-ROM-Laufwerk	entbehrlich, wenn zweiter Rechner vorhanden
Disketten-laufwerk	3,5 Zoll (= 8,9 cm) mit 1,44 MB Kapazität.
Eingabe-geräte	Touchpad, Trackball, Trackpoint oder anschließbare Maus.
Drucker	Unter Umständen Mobildrucker.
Software	Betriebssystem, Bürosoftware (Officepaket), spezielle Anwendersoftware.

Der Kontakt nach außen

Entscheidend für den dauernden Erfolg eines Telearbeiters ist nicht zuletzt der Kontakt nach außen zu seinen Kunden. Dazu muß ein effektiver Datenaustausch möglich sein, der entweder herkömmlich, mit einem Modem oder digital per ISDN-Anschluß, vorgenommen werden kann.

Modem

„Modem" steht als Abkürzung für Modulator-Demodulator. Damit bezeichnet man grundsätzlich ein Gerät, welches die digitalen Informationen (die Bits) in analoge Signale (die elektrischen Impulse) umwandelt (also moduliert). Auf der Empfängerseite wird eine gleiches Gerät benutzt, um die analogen Signale in digitale Informationen zu demodulieren (somit wieder zurückübersetzt).

Die verschiedenen Varianten

Modems gibt es derzeit in drei Varianten: Als interne Karten werden sie wie andere Karten in einen freien Steckplatz im Computer gesteckt. Das spart Platz und Kabelgewirr, schafft aber unter Umständen auch einiges Stirnrunzeln bei der Konfiguration. Hinzu kommt, daß den Steckplätzen rechnerintern bestimmte Rechenzyklen (als Interrupts bezeichnet) zugeteilt werden, welche entweder softwaremäßig oder durch kleine Steckbrücken (= Jumper) konfiguriert werden müssen.

Das externe Modem nimmt zwar ein wenig Platz auf Ihren Schreibtisch in Anspruch und es braucht drei Kabelverbindungen (Modem – Steckdose, Modem – serielle Schnittstelle und Modem – Telefonsteckdose), aber es läßt sich leicht von Computer zu Computer umstecken oder gar – mit einem Notebook – auf Reisen mitnehmen.

CHECKLISTE: Internes oder externes Modem?		
	richtig	**falsch**
Sie schrauben nicht gerne an Ihren PC herum.		
Sie möchten mobil sein und das Modem auch mit Ihrem Notebook nutzen.		
Sie ziehen die einfachere Installation vor.		
In Ihrem PC haben Sie keinen Steckplatz mehr frei		

Je öfter Sie hier zu dem Ergebnis „richtig" kommen, desto eher entspricht Ihren Bedürfnissen eine externe Modemlösung.

Für Notebooks gibt es noch eine dritte Lösung: Das PCMCIA-Modem. Hierbei handelt es sich ebenfalls um ein externes Gerät, welches über eine PC-Karte betreiben wird. Solche Modems sind aber meist extrem klein und daher für den Transport noch weitaus besser geeignet. Allerdings verfügen sie über zwei entscheidende Nachteile: Sie liegen im Preis meist höher als die anderen beiden Formen und sie benötigen einen Computer mit PCMCIA-Schnittstelle (die haben aber die meisten besseren Notebooks).

Für den Anschluß an das Telefonnetz benötigen Sie schließlich noch eine Mehrfachsteckdose der Post (sogenannte TAE-Dose).

Kosten

Beachtung sollten Sie vor allem auch der Geschwindigkeit, mit der Ihre Datenströme ins Telefonnetz gehen, schenken. Bis vor ein paar Jahren waren lediglich Geschwindigkeit von 2400 bps üblich. Neuere Modems arbeiten dagegen schon mit 9600 bps, 14400 bps oder gar 28800 bps. Der Begriff bps steht für Characters per Second (Zeichen pro Sekunde). Die Übertragungen bei verschiedenen Geschwindigkeiten sind jeweils standardisiert. So nennen sich die gängigen Standards für die Übertragung für 9600 bps V.32 und für 14400 bps V.32bis. und für 28800 bps V.fast.

Flexibilität ist es, was der Telearbeiter braucht. Wenn Sie sich – gleich aus welchen Gründen – ein Modem zulegen, – sollten Sie sich für ein externes Modem, das mindestens den Standard V32bis (also 14400 bps) besser noch V.fast Standard (28800 bps) erfüllt, entscheiden. Trotzdem dürfte für den Teleworker ein Modem nur noch in Ausnahmefällen in Betracht kommen. Die Übertragungsgeschwindigkeiten sind einfach zu gering. Der ISDN-Anschluß ist hier die bessere Wahl. Sollte es allerdings gelingen die Übertragungsraten erheblich zu steigern (gegenwärtig experimentiert man mit analogen Übertragungsraten von 56.000 bps), dann wird man neue Überlegungen anstellen müssen.

Die folgende Tabelle zeigt, wieviel ein schnelleres Modem in bezug auf die kürzere Übertragungszeit einer Datei mit 1 MB ausmacht. In direktem Verhältnis dazu stehen natürlich nur die anfallenden Telefonkosten. In der Tabelle wurden nur die Kosten für eine Verbindung zum Ortstarif in der jeweils billigsten und teuersten Zeitzone berechnet. Die jeweiligen bps-Angabe sind Erfahrungswerte mit gepackten Dateien).

Das bringt ein schnelles Modem				
	14 400 bps	**28 800 bps**	**33 600 bps**	**ISDN**
Zeichen pro Sekunde	1650	3300	3850	7200
Dauer 1 MB Daten Download	10,35 min	5,17 min	4,32 min	2,26 min
Kosten Citytarif 21-5 Uhr	0,31 DM	0,15 DM	0,13 DM	0,07 DM
Kosten Citytarif 9-18 Uhr	0,84 DM	0,42 DM	0,36 DM	0,19 DM

Checkliste Modem

CHECKLISTE: Benötigen Sie ein Modem?		
	ja	**nein**
Sie haben kein ISDN.		
Sie möchten Onlinedienste nutzen.		
Sie müssen mit analogen Gegenstellen Daten austauschen.		
Sie haben nur kleine Datenmengen zu übertragen.		

Sollte hier die Anzahl Ihrer Antworten mit „ja“ überwiegen, dann ist ein Modem für Sie die richtige Wahl.

ISDN

Die schnellste Datenübermittlung ist heute nur mit einem digitalen ISDN-Anschluß möglich. Dieser Anschluß ist zwar teurer als die bisher üblichen analogen Telefonanschlüsse, die Mehrkosten werden aber nach wenigen Übertragungen durch den erheblich schnelleren Datentransfer wieder ausgeglichen.

Vorzüge des ISDN

Ein ISDN-Anschluß bietet eine Reihe an Vorteilen. So verfügen Sie bereits mit dem Standardanschluß über drei Telefonnummern. Gerade der Telearbeiter weiß das zu schätzen. So kann er eine Nummer für die Geschäfte benutzen, eine weitere für das Faxgerät und die dritte Nummer bleibt für den Privatbereich reserviert.

Sehr interessant ist auch die Notizbuchfunktion. So bekommt man beispielsweise schon während des Klingelns auf dem LC-Display des Telefons die Nummer des Anrufers mitgeteilt, sofern dieser ebenfalls über einen ISDN-Anschluß verfügt. Sie können aber auch erfahren, wie Ihr Anrufer mit Namen heißt. Jeder bereits bekannte Anrufer ist im Notizbuch gespeichert und kann sofort mit Namen und Rufnummer identifiziert werden. So können Sie Ihre Kunden persönlich ansprechen.

Und während eines Telefonates kann ein weiterer Anrufer „anklopfen". Unter Anklopfen versteht man, daß bei bestehenden Gespräche ein weiterer Anruf durch ein Signal (das Anklopfen) signalisiert wird. Dies geschieht nach Ihren Vorgaben entweder optisch oder akustisch. Und obwohl Sie gerade ein Gespräch führen, können Sie dank ISDN einen zweiten Anruf entgegennehmen. So ist es möglich, das erste Gespräch in einen Haltezustand zu bringen, das zweite anzunehmen und danach wieder das erste fortzuführen.

Wenn Sie zwischen beiden Anrufern gar hin- und herschalten, spricht man von „makeln". So können Sie z.B. auch eine echte Dreierkonferenz abhalten, indem Sie die beiden externen Anrufer einfach zusammenschalten. Sollten Sie gar während des Telefonates das Zimmer wechseln wollen, dann ist das Umstecken von einer ISDN-Dose zur anderen ohne Gesprächsabbruch möglich.

Ein weiterer Vorteil ist schließlich für den alternierend beschäftigten Telearbeiter von eminenter Bedeutung: Die Anrufweiterschaltung. Jeder Anruf kann sofort, nach 15 Sekunden oder bei besetztem Anschluß an jeden beliebigen anderen Anschluß (auch Ihr Mobiltelefon im C- oder D-Netz), gegen eine von Zeitdauer und Entfernungszone abhängige Gebühr, umgeleitet werden. So sind Sie ständig an jedem Ihrer Arbeitsplätze unter nur einer Nummer jederzeit erreichbar.

ISDN ist nicht gleich ISDN!

Aber Vorsicht: ISDN ist nicht gleich ISDN! In der Bundesrepublik wurde bereits 1988 mit dem ISDN-Serienbetrieb begonnen. Heute bezeichnet man den damals gewählten Standard als das „nationale ISDN". Inzwischen haben sich 20 europäische Länder verständigt, ihre nationalen ISDN-Strukturen einander anzugleichen. 1993 wurde auf diese Weise „Euro-ISDN" aus der Taufe gehoben. Inzwischen haben sich auch die USA und Japan dazu gesellt.

Sollten Sie noch über Geräte für den nationalen Standard verfügen, so bleibt Ihnen genügend Zeit für die Umstellung. Die Telekom unterstützt noch bis zum Jahr 2000 das nationale ISDN. Neueinsteiger sollten aber darauf achten, daß ihre Hard- und Software für Euro-ISDN ausgelegt ist.

Für das kleine Büro eines Telearbeiters kommt von den beiden ISDN-Anschlußvarianten der Telekom hauptsächlich der sogenannte Basisanschluß in Frage. Der andere, Primärmultiplex-Anschluß genannt, stellt zwar 30 Nutzkanäle zur Verfügung, kostet dafür aber einen monatlichen Grundpreis von mindestens 51,– DM. Mit dem ISDN-Basisanschluß verfügt man über zwei unabhängige Nutzkanäle (als B-Kanäle bezeichnet) und einen Steuerkanal (den D-Kanal): Man kann also z.B. gleichzeitig auf einem B-Kanal telefonieren und auf dem zweiten Daten übertragen. Beide Ausführungen unterscheiden sich dadurch, daß einige Funktionen (dazu gleich noch mehr) im ersten Fall zusätzliche Kosten verursachen, während sie im zweiten Fall mit der Grundgebühr schon abgegolten sind.

Eine weitere Unterscheidung wird beim Basisanschluß noch gemacht: Beim Mehrgeräte-Anschluß (das ist die Variante 1 des Basisanschlusses) kann der Anwender bis zu acht Kommunikationsgeräte (Telefone, Faxgeräte, etc.) an seinen Anschluß hängen. Drei Rufnummern stellt die Telekom dann zur Verfügung, damit gezielt einzelne davon anwählbar sind (weitere Rufnummern kosten je 5,– DM monatlich). Mehrere ISDN-Steckdosen (bis zu 12) kann man sich in der Wohnung verlegen lassen. Die maximale Entfernung darf aber 200 m (mit einer besonderen Ausrüstung 500 m) nicht überschreiten. Die zweite Variante des Basisanschlusses ist der Anlagenanschluß. Hier bestimmt die Leistungsfähigkeit der Telekommunikationsanlage über die Anzahl der zu verwendenden Geräte. Im allgemeinen darf die Entfernung bis zum letzten Gerät etwa 1000 m betragen. Auch bei dieser Konfiguration kann ein Anrufer direkt eine bestimmte Nebenstelle anwählen. Das geschieht durch einen in der Grundgebühr schon enthaltenen Rufnummernblock, den die Telekom zur Verfügung stellt.

ISDN-PC-Karte

Auch wenn indes das ISDN-Förderprogramm der Deutschen Telekom AG ausgelaufen ist. Sie sollten Ihren Telearbeitsplatz mit einem ISDN-Anschluß ausrüsten. Datenübertragungen und erst recht das Arbeiten im Internet machen erst im digitalen ISDN-Tempo wirklich Spaß.

Wenn Sie als Notebookbesitzer in den Genuß dieser Vorzüge kommen wollen, benötigen Sie eine sogenannte ISDN-PC-Karte. Dieser Adapter ersetzt das Modem, das für die Datenkommunikation über analoge Telefonleitungen nötig war, und öffnet per ISDN den Weg zum Datenhighway. Gab es anfänglich bei einigen Karten mit dem neuen Windows 95 Kommunikationsprobleme, sind diese mittlerweile als gelöst zu betrachten. Bei einem Kauf sollten Sie aber darauf achten, daß die Karte die beiden konkurrierenden Programmierschnittstellen CAPI 1.1 und CAPI 2.0 (CAPI steht für Common Application Programing Interface) unterstützen.

Analoge Zeiten

ISDN dient jedoch nicht nur der schnelleren Datenkommunikation. In der Basisausstattung – sie umfaßt zwei Amtsleitungen und drei Telefonnummern – ist es gerade für den Telearbeitsplatz sehr attraktiv. Im Regelfall werden Sie noch über analoge Telefongeräte oder ein Fax verfügen. Sie müssen diese aber nicht in jedem Fall durch neue ISDN-Anlagen ersetzen. Mit einer sogenannte TK-Anlage können Sie auch analoge Geräte an das digitale Netz anschließen. Hinter dem eigentlichen ISDN-Eingang wird eine sogenannte TK-Anlage angeschlossen, die dann den Betrieb Ihrer herkömmlichen analogen Endgeräte erlaubt.

Reine Kostenfrage?

Ob Sie sich für oder gegen einen ISDN-Anschluß entscheiden wird sicherlich nicht zuletzt auch eine Frage Ihres Budgets sein. Geht man davon aus, daß Sie als Telearbeiter zumindest über einen einfachen Telefonanschluß verfügen müssen, dann kann man schnell einmal die Kosten überschlagen, die die zwei Varianten bieten. Auf der einen Seite der eben vorgestellte ISDN-Basisanschluß mit seinen zwei Nutzkanälen. Das einmalige Bereitstellungsentgelt beträgt 100,– DM. Dazu kommen die monatlichen Grundgebühren: Der ISDN-Standard-Anschluß (Funktionsumfang: 3 Rufnummern und 2 Kanäle) kostet 49,20 DM, der ISDN-Komfort-Basisanschluß (Funktionsumfang wie Standard plus zusätzliche Funktionen: etwa Anzeige der Verbindungskosten oder Rufweiterschaltung) liegt bei 51,– DM pro Monat. Für den analogen Doppelanschluß (zwei Leitungen) berechnet die Telekom monatlich 49,20 DM. Keinen Unterschied gibt es dagegen bei den reinen Kommunikationskosten: In jedem Fall sind für eine Gesprächseinheit 23 Pfennige zu zahlen.

Bis hierher kann man also von einem Patt sprechen. Allerdings treten die wahren Vorzüge eines ISDN-Anschlusses erst bei der Datenkommunikation auf: Während man mit einem Modem etwa in Größenordnungen von 14.400 bps operiert, vermag ein B-Kanal des ISDN-Anschlusses mit 64.000 bps zu arbeiten. Damit wird klar, daß vor allem diejenigen mit ISDN auf Dauer sparen, die einen hohen Datenverkehr haben.

So kann man kann denn auch leicht eine Art Schallgrenze ausmachen, von der an sich ein ISDN-Anschluß als vorteilhaft erweist: Nämlich die individuelle durchschnittliche tägliche Datenmenge. Diese Grenze liegt (unter der Prämisse, daß ein 14.400 bps-Modem benutzt würde) bei etwa 3 MB. Daraus ergibt sich: Wer täglich mehr als 3 MB Daten zu transferieren hat, der sollte sich die Anschaffung eines ISDN-Basisanschlusses überlegen.

Checkliste ISDN-Anschluß

CHECKLISTE: Lohnt sich für Sie ein ISDN-Anschluß ?		
	ja	**nein**
Sie möchten sich bei besetzten Teilnehmern durch Anklopfen bemerkbar machen.		
Sie möchten durch die Rufweiterschaltung weltweit erreichbar sein.		
Sie möchten Ihre private Telefonnummer von meiner geschäftlichen trennen und brauchen mehr als eine Telefonleitung.		
Sie würden gerne den ISDN-Anrufer vor dem Abheben erkennen bzw. mit Namen ansprechen.		
Sie möchten jederzeit einen zweiten Anruf entgegennehmen und unter Umständen zwischen beiden Anrufern hin- und herschalten.		
Sie haben täglich mehr als 3 MB Datenverkehr		

Je öfter Sie hier zu dem Ergebnis „ja“ gekommen sind, desto schneller sollten Sie sich die Anschaffung eines ISDN-Anschlusses überlegen.

Ergonomie am Telearbeitsplatz

Ein Nachteil der Telearbeit ist sicherlich, daß es sich um eine überwiegend sitzende Tätigkeit handelt. Die Statistiken der Berufsgenossenschaften zeigen knapp 15 Jahre nach dem Einzug der EDV in unsere Büros ein verändertes Bild. Mit dem Beginn einer umfassenden Verlagerung von körperlicher anstrengender Tätigkeit hin zur vermeintlich „leichteren Schreibtischtätigkeit“ häufen sich die Fälle von Sehnenscheidenentzündungen und Bandscheibenschäden.

Besonders betroffen sind mit PC ausgestattete Arbeitsplätze: Die zum Teil über viele Stunden anhaltende Ausrichtung auf Bildschirm und Tastatur zwingt zu einer starren Arbeitshaltung und führt zu einer einseitigen Belastung. Dies liegt zum Teil daran, daß mit der Büroausstattung für PC-Arbeitsplätze einiges im argen liegt.

Was die Tätigkeit in einem Beschäftigungsverhältnis angeht, so sind die Regeln klar definiert: Der Arbeitgeber hat den Arbeitsplatz mit einem Bildschirmgerät – wie jeden anderen Arbeitsplatz auch – so einzurichten, daß gesundheitliche Gefahren für die Mitarbeiter weitestgehend ausgeschlossen werden. Diese Verpflichtung ergibt sich aus der allgemeinen Fürsorgeverpflichtung des Arbeitgebers und aus den Vorschriften wie 618 Abs. 1 BGB, 62 Abs. 1 HGB und 120a GewO.

Darüber hinaus dürfte sich mit Umsetzung der EU-Richtlinie für Bildschirmarbeitsplätze (Richtlinie des Rates vom 29. Mai 1990 über die Mindestvorschriften bezüglich der Sicherheit und des Gesundheitsschutzes bei der Arbeit an Bildschirmgeräten) in nationales Recht einiges ändern (ausführliche Informationen unter „Europarecht“). Die Richtlinie beinhaltet sehr konkrete Anforderungen an die Gestaltung von Bildschirmarbeitsplätzen und sieht vor, daß die jeweiligen Arbeitsplatzbedingungen zunächst anhand einer Beurteilung zwingend und nachprüfbar zu analysieren sind, um anschließend dem Stand der „anerkannten arbeitswissenschaftlichen Erkenntnisse“ angepaßt zu werden.

Was für die Arbeitsplätze im Büro gilt, gilt gleichfalls auch für die Arbeitsplätze daheim. Wenn Sie zu den unabhängigen Telearbeitern gehören, haben Sie es viel leichter. Sie können Ihr Telebüro von Anfang an richtig ausstatten und selbst Vorbeugemaßnahmen ergreifen.

Richtige Körperhaltung

In jedem Fall können Sie selbst durch eine richtige Körperhaltung dazu beitragen, daß Sie Belastungen der Schreibtischarbeit im erträglichen Rahmen bleiben. Gerade bei der täglichen Arbeit mit dem Computer werden noch viele Fehler gemacht. Diese lassen sich aber schon mit wenig Aufwand vermeiden, wenn Sie etwa nachfolgende Ratschläge beachten:

- Beherzigen Sie einen alten Spruch aus Ihrer Schulzeit: Sitzen Sie gerade. Ihre Ober- und Unterschenkel sollten dabei im Mittel einen rechten Winkel bilden.
- Ihre Füße sollten fest auf dem Boden stehen.
- Unter- und Oberarm sollten einen rechten Winkel bilden und der Unterarm auf der Tischplatte ruhen.
- Die Beine sollten ohne Behinderungen vollständig unter den Tisch passen und dort genügend Bewegungsfreiheit haben.

Eine gute Büroausstattung führt alleine aber noch nicht zu einem gesunden Arbeiten. Neben einer guten Auswahl geeigneter Büroaccessoires sollten Sie bedenken, daß jede Körperhaltung, die über einen längeren Zeitraum eingenommen wird ungesund ist. Aus diesem Grund sollten Sie deshalb einen regelmäßigen Haltungs- und Bewegungswechsel vornehmen. Wechseln Sie soweit wie möglich mit sitzender und stehender Tätigkeit ab. Viele Tätigkeiten, zum Beispiel Telefonieren, kurze Besprechungen, Diktieren und die Ablage lassen sich im Stehen erledigen. Vielleicht sollten Sie auch einmal über die Anschaffung eines Stehpultes oder Stehtisches nachdenken, an denen sich auch manche Arbeiten, z.B. Lesen, gut erledigen lassen.

Optimale Büroausstattung

Aber auch bei Ihrer Büroeinrichtung können Sie Fehler vermeiden. Achten Sie darauf, daß Ihre Büromöbel allen funktionalen, ergonomischen und sicherheitstechnischen Anforderungen gerecht werden, die auch an einen professionellen Arbeitsplatz gestellt werden.

Insbesondere sollten Sie auf folgendes achtgeben:

- Zur Anpassung des Arbeitsplatzes sollten die Stuhl- und möglichst auch die Tischhöhe einstellbar sein.
- Die Sehachse des Menschen verläuft bei obiger Sitzhaltung ca. 30 nach unten. Deshalb sollte der Schreibtisch eine im hinteren Teil nach unten abgewinkelte Platte aufweisen.

Der Monitor

Der Monitor spielt am Telearbeitsplatz eine ganz besondere Rolle. Bedenken Sie, daß die Qualität eines Monitors von zwei Komponenten bestimmt wird: dem eigentlichen Bildschirm und der Grafikkarte. Beide müssen in ihrer Leistungsfähigkeit getrennt gesehen werden. Was eine Grafikkarte nicht leistet, kann ein guter Monitor nicht ausgleichen und ein gute Grafikkarte kann ihre Vorzüge auf einem schlechten Monitor nicht ausspielen. So tritt das bekannte „Bildschirmflimmern" dann auf, wenn die Grafikkarte nicht ausreichend dimensioniert ist. Im Idealfall sollte sich das Monitorbild in so kurzen Abständen aufbauen, daß über das Auge der Eindruck eines stehenden Bildes vermittelt wird. Man spricht hier von der sogenannten Vertikalfrequenz. Ist diese nicht hoch genug, flimmert das Bild. Empfehlenswert sind deshalb Grafikkarten und Monitore, die eine Bildschirmwiederholungsrate von 70 bis 80 Hz darstellen können. Insgesamt können Sie sich merken: Je höher die Vertikalfrequenz, desto geringer das Flimmern.

Ein weiterer Aspekt ist die anzustrebende Strahlungsarmut des Gerätes. Nach den Vorgaben der EU-Richtlinie darf nämlich „die Benutzung des Gerätes als solche keine Gefährdung der Arbeitnehmer mit sich bringen". Es ist jedoch eine physikalische Tatsache, daß Monitore strahlen. Dies ist auch nicht verwunderlich, da mit einer Spannung von rund 20.000 Volt Elektronen beschleunigt werden, die das auf der Mattscheibe aufgebrachte Phosphor zum Leuchten bringen und die Zeilen mit einer Zeilenfrequenz von 30 bis 80 Hz aufgebaut werden. Bei alledem entstehen natürlich hoch- und niederfrequente elektrische und magnetische Wechselfelder, Röntgenstrahlen und elektrostatische Aufladungen. Allerdings kann man diese Strahlung mittlerweile eindämmen.

Achten Sie deshalb auf strahlungsarme Monitore. Von Schweden ausgehend wurden Grenzwerte festgelegt.

Danach sind relevant:

- MPR I und MPR II (legen die Grenzwerte fest)
- TCO 92 und TCO 95 (ganzheitliche Betrachtung des Arbeitsplatzes)

Daneben sollten Sie auch auf die Signet „GS“ (elektrische Sicherheitsprüfung) und „TÜV-Ergonomie“ achten. Schließlich muß seit dem 1.1.1996 auch jedes elektrische Gerät das Signet CE der elektromagnetischen Verträglichkeit tragen.

Um darüber hinaus auch eine optimale Qualität der Darstellung zu erhalten, sollten Sie bei Ihrer täglichen Arbeit auch auf folgendes achten:

- Schützen Sie den Monitor vor direktem Sonnenlicht.
- Vermeiden Sie Lichtquellen (z.B. Schreibtischlampe), die sich auf dem Monitor spiegeln.
- Stellen Sie ihn möglichst etwas unterhalb Ihrer Augenhöhe auf, so daß der Blickwinkel leicht nach unten geneigt ist. Keinesfalls sollten Sie den Bildschirm auf Augenhöhe anordnen. Hierbei muß der Kopf in unnatürlicher Weise aufrecht gehalten werden, was zu einer erheblichen Beanspruchung der Nackenmuskulatur führt.
- Der Abstand Augen zum Bildschirm sollte bei einem 15-Zoll-Monitor ca. 45 bis 60 cm betragen. Hier können Sie als Faustregel die Länge Ihrer ausgestreckten Arme nehmen.
- Stellen Sie den Monitor nicht so hell ein, daß das Hintergrundraster der Bildröhre sichtbar wird.
- Wählen Sie für den Kontrast nicht den maximalen Wert, weil das die Augen unnötig belastet.

Die Tastatur

In der Vergangenheit gab es Tastaturen in allen Varianten. Zum Glück sind die Tastaturen mittlerweile weitestgehend genormt (sogenannte MF-Tastatur), so daß keine allzu großen Unterschiede auftreten. Trotzdem gibt es kleine Abweichungen, auf die Sie jedem Fall beachten sollten:

- Zur Vermeidung von Sehnenscheidenentzündungen sollte vor der Tastatur eine ca. 5 bis 10 cm tiefe, gepolsterte Auflagefläche vorgesehen sein.
- Wer mit zehn Fingern schreibt, kennt das: Bei den gerade angeordneten Tastaturen müssen die Hände in einer unnatürlichen Weise gehalten werden. Auf dem Markt gibt es eine Reihe abgeknickter Tastaturen, die der natürlichen Schräghaltung der Hände von ca. 30 bis 45 nachgebildet sind. Allerdings kommt nicht jeder Vielschreiber damit zurecht. Sie sollten deshalb zunächst vor Kauf ein paar Seiten (!) damit schreiben.
- Für das Betriebssystem Windows 95 gibt es spezielle Tastaturen, mit denen Sie die Taskleiste und die Menüs steuern können. Im täglichen Einsatz werden Sie diesen Komfort bald nicht mehr missen wollen.

Der Bürostuhl

Vergessen Sie nicht, daß Sie fast den gesamten Tag sitzend verbringen. Deshalb sollte die Sitzgelegenheit ausreichend bequem und gesundheitsfördernd sein:

- Zur langfristigen Verbeugung von Rückenleiden sollte Ihr Bürostuhl eine variable dynamische Unterstützung der Lendenwirbelsäule bieten.
- Daneben sollten Sie auf anpaßbare Sitztiefe wie auch Sitzhöhe und einer Lehnenneigung achten.

Gesundbleiben am PC

Das bei einem Telearbeitsplatz insbesondere auf Ergonomie geachtet werden sollte, haben Sie vorherigen Teil gelesen. Leider ist es eine weitverbreitete Tatsache, daß falsche eingerichtet Telearbeitsplätze zu Gesundheitsschäden führen können. Insgesamt sind es fünf Bereiche, die dem Telearbeiter das Leben schwer machen können. Allerdings lassen sich mit verträglichen Mitteln, wie nachfolgend zu zeigen sein wird, entsprechende Vorbeugemaßnahmen treffen und so gesundheitliche Belastungen schon im Vorfeld entschärfen.

„Repetitive Strain Injury" (RSI)

Kennzeichen

Auch hier zeigt ein Blick in das Mutterland des Computers, welche Auswirkungen ein Nichtbeachten ergonomischer Grundregeln haben. So weist eine Studie der Verbraucherberatung in Illinois darauf hin, daß rund 2/3 aller berufsbezogenen Erkrankungen auf den Computer zurückzuführen sein und rund aller Computerbenutzer wiederum an körperlichen Einschränkungen, wie Augenleiden und Schmerzen des Bewegungsapparates leiden.

Besonders auffällig war dabei das Auftreten des RSI-Syndroms („Repetitive Strain Injury"). Hervorgerufen wird diese Berufskrankheit durch unergonomisch gestaltete Büroarbeit am PC. RSI ist die „Verletzung durch wiederholte Überanstrengung", eine chronische Schmerzkrankheit im Hand-Arm-Bereich, die sich über Jahre hinweg unbemerkt entwickeln kann. Besonders deutlich wird das, wenn man sich die Aussagen des Fachblatts „Ärztliche Praxis" vor Augen hält. Danach bedeuten sechs Stunden Computerarbeit für den linken Zeigefinger umgerechnet das gleiche Maß an Bewegung, wie die Beine bei einer 40-Kilometer-Wanderung leisten müssen. Solche enormen Anstrengungen führen zu Verspannungen fast der gesamten Skelettmuskulatur (Kopf, Nacken, Schultern, Rücken, Arme, Hände). Das heimtückische ist dabei allerdings, daß durch die Konzentration auf den Bildschirm die frühzeitige Wahrnehmung von Schmerzen als Warnsignale des Körpers unterdrückt wird.

Vorbeugemaßnahmen

Es ist logisch, daß stundenlanges Verharren in einer bestimmten Position dem Bewegungsapparat des Menschen schadet. Legen Sie deshalb regelmäßig Pausen ein und befreien Sie Ihre Hände aus der starren Tippposition. Dieser Tip ist übrigens schon uralt. Wenn Sie Schreibmaschine gelernt haben, dann werden Sie sich sicherlich noch an die Fingerübungen zur Entspannung erinnern. Warum sollte das, was damals schon hilfreich war, nicht auch noch heute helfen?

Fehlhaltung

Kennzeichen

Das richtige Sitzen will gelernt sein. Wie Sie im vorherigen Abschnitt gelesen haben, sollten Sie eine entspannte Sitzhaltung einnehmen. Hilfreich kann dabei ein Bürostuhl mit spezieller Abstützung der Lendenwirbelsäule sein. Oft wird nämlich übersehen, daß sich der Stuhl dem Rücken anpassen sollte und nicht der Rücken den Stuhl. Schultern und Nacken verspannen und verhärten sich nämlich durch eine unnatürliche Fehlhaltung. Das wiederum führt zu Nacken-, Rücken- und Kopfschmerzen.

Vorbeugemaßnahmen

Nackenschmerzen können Sie am besten durch die richtige Position des Monitors vermeiden. Ermitteln Sie die optimale Tischhöhe, und stellen Sie den Monitor so auf, daß Ihre Augen und die Bildschirmoberkante eine waagrechte Linie bilden können. Der Kopf darf leicht geneigt sein, während der Rumpf eine Gerade bildet.

Ihr Computerstuhl sollte so konstruiert sein, daß er Ihnen so viel Bewegungsfreiheit wie möglich bietet. Strecken Sie beim Sitzen die Beine nicht zu weit nach vorne, sondern versuchen Sie eine 90-Grad-Winkel zu bilden, das sich sonst Ihre Rückenmuskulatur verkrampft.

Wenig empfehlenswert sind übrigens übereinandergeschlagene Beine: einmal erhöht sich dadurch der Druck auf den Ischiasnerv, und zum zweiten drosselt diese Sitzhaltung die Blutzirkulation in den Beinen.

Gifte aus PC, Monitor und Drucker?

Kennzeichen

Wie bei einem neuen Auto, strömen auch aus einem neuen PC eigenartige Gerüche aus. Und auch wie beim Auto sind diese ordinäre Kunststoffgerüche nicht schädlich. Allerdings kann es schlimmer werden, wenn Dioxine und Furane entweichen. Beide Umweltgifte stehen in den Verdacht Krebs zu erzeugen und stecken in sogenannten polybromierten Flammschutzmitteln. Relativ sicher sind Sie bei Monitoren, die in Deutschland produziert wurden, denn deren Hersteller haben sich fast alle verpflichtet keine gefährlichen Flammschutzmittel mehr zu verwenden. Viele Billiggeräte kommen jedoch aus dem Ausland und halten sich aus Kostengründen nicht an diese Absprachen.

Ein großes Problem in der Vergangenheit waren auch die ozonausströmenden Laserdrucker. Dieses aggressive Gas reizt nicht nur in starkem Maße die Schleimhäute von Nasen, Augen und Hals, sondern stehen ebenfalls in den Verdacht Krebs zu erregen. Wenn Sie erst jetzt eine Anschaffung ins Auge gefaßt haben, dann betrifft Sie dieses Problem allerdings nicht mehr. Mittlerweile hat man die Technik relativ gut im Griff und fängt eventuelle Gas mit Filter ab oder verwenden gar schon eine Technik, die gar kein Ozon mehr produzieren kann.

Vorbeugemaßnahmen

Zunächst einmal sollten Sie eine uralte Möglichkeit, die Raumluft schadstoffarm zu halten, nutzen: Lüften Sie in regelmäßigen Abständen Ihr Arbeitszimmer gut durch. Daneben sollten Sie nicht die billigsten Geräte kaufen, sondern auf solche, die Ihnen Schadstoffarmut, wie z.B. durch die Umweltnorm des Blauen Engels, garantieren. Bei Laserdrucker sollten Sie zusätzlich auf das Vorhandensein eventueller Filter achten und diese zur gegebener Zeit auswechseln.

Belastung der Augen

Kennzeichen

Daß Bildschirmarbeit stark auf die Augen geht, weiß wohl jeder aus eigener Erfahrung, der einmal zulange vor dem Schirm verbracht hat. Brennen, Tränen, trockene Augen, Rötung der Augenlider, Lidflattern oder Verschwommensehen können die Folgen sein.

Hier sprechen Untersuchungen der Bundesanstalt für Arbeit für sich: Bei achtstündige Bildschirmarbeit finden bis zu 30.000 Blickwechsel statt. Das überforderte Auge kann sich nur noch unzureichend anpassen. Unschärfen und Flimmern des Bildschirms erhöhen das Gefahrenpotenial. Der starre Blick aus die Mattscheibe verringert aber auch die Häufigkeit des Lidschlags und somit kann die Hornhaut austrocknen.

Vorbeugemaßnahmen

Auch hier kann man sich mit ein paar Tricks das Leben leichter machen. Schwarze Schrift auf hellem Hintergrund schont z.B. mehr die Augen als umgekehrt. Denn: Farbiges Licht wird aufgrund unterschiedlicher Wellenlängen in der Augenlinse verschieden stark gebrochen und als unterschiedlich entfernt wahrgenommen. Das Auge leistet eine höhere Anpassungsarbeit als beim Schwarzweißbild.

Gehen Sie nicht unter eine Buchstabenhöhe von sieben Rasterpunkten. Die Bildwiederholfrequenz muß mindestens 70 Hertz betragen. Versuchen Sie gleichwertige Lichtverhältnisse im Raum zu schaffen. Die Arbeitsumgebung sollte frei von Blendungen und Reflexionen sein. Unterbrechen Sie Ihre Bildschirmarbeit durch Pausen und/oder andere Arbeiten. Verwenden Sie als Lichtquellen sogenannte Tageslicht- oder Biolampen, die der spektralen Zusammensetzung des natürlichen Tageslichtes nahekommen.

Elektrosmog

Kennzeichen

Niemand weiß gegenwärtig genau, welche Gefahren vom sogenannten Elektrosmog am Bildschirmarbeitsplatz ausgehen. Tatsache ist aber, daß Symptome, wie erhöhte Reizbarkeit, Depression, Kraft- und Energielosigkeit, Hautreizungen, Allergien und sogar Menstuations- und Potenzstörungen, bei Menschen auftreten, die länger am Bildschirm arbeiten. Bei diesem „visual display operator syndrom“ vermuten Forscher, daß die Ursachen von elektromagnetischen Wellen (Elektrosmog) ausgehen.

Vorbeugemaßnahmen

Es gibt kaum Möglichkeiten, Elektrosmog von Altgeräten einzudämmen. Prüfen Sie bereits vorhandene Geräte auf TÜV-Siegel, MPR II- oder TCO92/95-Kennzeichen und tauschen Sie sie sobald wie möglich gegen strahlungsarme aus.

Organisation

Wie sollte ein guter Telearbeitsplatz organisiert sein? Wie können Sie Ihr Unternehmen mit Hilfe der neuen Medien am besten darstellen? Und wie können Sie sich als Telearbeiter motivieren? Auf diese Fragen geht das folgende Kapitel ein.

Organisation am Arbeitsplatz

Vielleicht kennen Sie es auch. Um möglichst alles griffbereit zu haben, haben Sie auf Ihren Schreibtisch die Unterlagen auf diverse Stapel abgelegt. Da der Platz nicht reichte, sind Sie schon auf den Boden ausgewichen. Trotzdem finden Sie nie gerade das, was Sie suchen. So kann man sicherlich keine Übersicht über seine Aktivitäten gewinnen. Man verschwendet Tag für Tag wertvolle Anteile der kostbaren Arbeitszeit. Dies gilt im noch stärkeren Umfang für Ihren Computer. So werden mal hier und mal dort Dateien abgespeichert, man wählt willkürlich Namen und wundert sich, daß man die Datei schon nach wenigen Tagen nicht mehr findet. Ein ausgeklügeltes Ordnungssystem kann hier entscheidende Hilfe leisten.

Dabei ist es gar nicht so schwer, ein einfaches Ordnungssystem einzurichten und auch zu benutzen. Das macht am Anfang zwar ein bißchen mehr Arbeit. Sie werden aber sehen, wie effektiv Sie nach kurzer Zeit arbeiten, wenn Sie nachfolgende Regeln beachten. Darüber hinaus dürfte es Ihnen auch Freude bereiten, wenn Sie in Zukunft das gesuchte Schriftstück oder die Datei schneller finden.

Es sind eigentlich nur zwei Dinge, die Sie bei der Einrichtung Ihres Arbeitsplatzes und Ihres Computers beachten müssen: Ein geordnetes Arbeitsumfeld und eine strukturiertes Ablagesystem.

Schaffen Sie sich einen Freiraum

Als erstes sollten Sie sich den erforderlichen Freiraum verschaffen. Für den Heimarbeiter ist dieser Punkt mit am wichtigsten für den geschäftlichen Erfolg. Sie sollten sich genau überlegen, welcher Raum in Ihrem Haus bzw. Ihrer Wohnung für die Einrichtung eines Telearbeitsplatzes geeignet ist. Dabei muß besonders der Größe des Raumes besondere Beachtung geschenkt werden. Wählen Sie nicht, wie vielfach üblich, den kleinsten Raum für Ihr Vorhaben aus. Oft wird ein ehemaliges Kinderzimmer oder eine Abstellkammer, üblicherweise die kleinsten Räume im Haus, umfunktioniert. Denken Sie daran, daß Sie mehr als ein Drittel des Tages – wenn nicht mehr – in diesem Raum verbringen. Achten Sie bei der Auswahl auch darauf, daß Sie sich von familiären und sonstigen Störungen weitestgehend zurückziehen können.

Haben Sie den geeigneten Raum gefunden, dann sollten Sie sich eine Skizze anfertigen. Zeichnen Sie zunächst die benötigten Möbel ein. Für weniger „begnadete" Zeichner sind hier PC-Programme, die es mittlerweile für wenig Geld gibt und die auch für den Rest der Wohnung verwendet werden können, zu empfehlen. Achten Sie insbesondere darauf, daß Sie an Ihrem Arbeitsplatz genügend Bewegungsfreiheit haben. Daneben sollte es genügend Ablageflächen geben. Obwohl die Geräte immer kleiner werden, benötigen Computer nebst Drucker und Scanner noch immer einen nicht unerheblichen Platz. Dieser sollte nicht zu klein ausfallen, was auch für die anderen Kommunikationselemente wie Telefon, Fax, Anrufbeantworter oder gar den Kopierer gilt. In beengten Verhältnissen können Sie nicht gut arbeiten.

Vergessen Sie auch nicht, ausreichend Stellfläche für Regale zu reservieren. Erfahrungsgemäß kommt im Laufe der Zeit trotz des „papierlosen Büros" eine Menge an Papieren, Ordnern und sonstiger Unterlagen zusammen, die verstaut sein wollen.

Und achten Sie auch an die technischen Anforderungen eines Telearbeitsplatzes. Gibt es genügend Stromanschlüsse? Denken Sie daran, daß neben PC auch Fax und der Anrufbeantworter Strom benötigen. Die Komponenten des PCs sollten Sie übrigens alle an eine einzige Steckdosenleiste anschließen. Diese sollte mit einem Schalter versehen sein, damit man Geräte, die ständig unter Strom stehen (wie viele Drucker), vollständig abschalten kann. Achten Sie auch darauf, daß Sie problemlos die TAE-Dose oder den ISDN-Anschluß erreichen und daß nicht etwa die Leitungen quer durchs Zimmer verlaufen.

CHECKLISTE: Was benötigt man für ein ideales Arbeitsumfeld?

Sind ausreichend vorhanden?

- Arbeitsflächen (Schreibtisch, Sitzgelegenheiten)
- Stellflächen für Geräte (PC, Drucker, Fax, Kopierer)
- Ablageflächen (Regale)
- Stromanschlüsse (Steckerleisten)
- Telekommunikation (TAE, ISDN, usw.)

Schaffen Sie sich ein Ablagesystem

Auf keinen Fall sollten Sie vergessen eine ausreichende Ablage einzurichten. Überlegen Sie sich, welche Ordner oder Vorgänge Sie häufig benutzen und plazieren Sie diese möglichst nahe an Ihrem Arbeitsplatz.

Entscheiden Sie sich für ein Ablagesystem und bleiben Sie dabei! Sie können z.B. Ihre Akten nach Sachgebieten oder alphabetisch ordnen. Vor allem sollten Sie diese chronologisch ablegen. Daneben hat es sich als praktisch erwiesen auch einen Ordner für alles mögliche einzurichten, welches nicht in das allgemeine Ordnungssystem paßt.

Aber auch über die eigentliche Aufteilung Ihrer Unterlagen sollten Sie sich Gedanken machen. Überprüfen Sie bei jedem Vorgang, was abgelegt werden und was sofort aussortiert werden kann.

Achten Sie weiter auf den Platz für Ihre Ablage. Größere Entfernungen, etwa, wenn sich die Ablage in einem anderen Raum oder gar im Keller oder Dachboden befindet, machen die Arbeit infolge des damit verbundenen Zeitaufwandes sehr ineffektiv.

Ein weiterer wichtiger Gesichtspunkt ist, wie lange die Unterlagen aufgehoben werden sollen bzw. müssen. Für letzteren Fall sieht das Handelsgesetzbuch (HGB) bestimmte Fristen vor. So müssen Handelsbriefe und Buchungsbelege sechs Jahre aufgehoben werden. Eine Zehnjahresfrist gilt für Bücher, Inventarverzeichnisse und Bilanzen. Alles weitere sollten Sie nach seiner juristischen Relevanz oder Beweiskraft aussortieren und dementsprechend archivieren.

Was Sie darüber hinaus nicht benötigen, sollten Sie dann auch wirklich vernichten bzw. ordnungsgemäß entsorgen. Sie vermeiden dadurch, sich mit völlig unwichtigen Unterlagen ein zweites Mal beschäftigen zu müssen. Überwinden Sie den in uns Menschen wohnenden „Hamstertrieb". Lernen Sie, sich von Sachen zu trennen. Empfehlenswert ist dabei die Anschaffung eines Aktenvernichters. Wenn Sie keine sensiblen Daten vernichten müssen und deshalb höchste Sicherheitsstufen beachten müssen, können Sie sich ein brauchbares Gerät schon relativ preiswert besorgen. Auf jeden Fall verhindern Sie so, daß Unterlagen von neugierigen Dritten gelesen werden können.

Für Ihre gesamte Ablage sollte ein einheitliches Ordnungssystem gelten. Arbeiten Sie dabei mit Stichwörtern, die Sie den einzelnen Ordnern oder Vorgängen zuordnen. Alles, was zu den Stichwörtern gehört, sollte dort abgelegt werden. Diese Stichwörter finden Ihren Pedanten an der entsprechenden Ablagefläche, etwa an den Regalboden.

Eine gutes Ablagesystem funktioniert allerdings nur so gut wie die Ablage auch tatsächlich durchgeführt wird. Sie sollten sich deshalb von Anfang an ein paar Grundregeln zur täglichen Gewohnheit machen.

Entfernen Sie nie einen Vorgang auf längere Zeit von seinem Ort. Lassen Sie ihn, wie überhaupt alle wichtigen Gegenstände an ihrem Platz. Holen Sie den Vorgang dann, wenn Sie ihn benötigen und verbringen Sie ihn danach sofort wieder an seinen angestammten Platz. So finden Sie und gegebenenfalls auch Ihre Mitarbeiter jederzeit wichtige Sachen wieder und auch Ihr Schreibtisch ist nicht überlastet.

Eingehende Post sollten Sie zu einem festgelegten Zeitpunkt durchsehen und dann gleich in die Ablage einordnen. Keinesfalls sollte die Post auf einen Stapel „Unerledigtes" abgelegt werden.

Aktuelle Unterlage, etwa Angebots- oder Preislisten, sollten Sie immer in Griffnähe zum Telefon haben, damit Sie sofort genaue Auskunft geben zu können. Vergessen Sie auch nicht einen Block mit Bleistift neben das Telefon zu legen, damit Sie im Bedarfsfall nicht lange suchen müssen.

CHECKLISTE: Was bei einem Ablagesystem beachtet werden sollte!	
	beachtet?
◆ Verwenden Sie ein einheitliches und vor allem kontinuierliches Ablagesystem? ◆ Werden die Akten arbeitsplatznahe aufbewahrt und sind sie ständig präsent? ◆ Werden die gesetzlichen Aufbewahrungsfristen beachtet? ◆ Werden entnommene Akten sofort wieder an ihren Platz abgelegt? ◆ Jeder Vorgang wird sofort bearbeitet und nicht auf einen Stapel „unerledigtes“ abgelegt?	

Planen Sie Ihren Arbeitstag

Ein planloses Vorgehen läßt Sie nicht nur höchst uneffektiv arbeiten, es erschwert auch Ihren Arbeitsfortschritt. Gewöhnen Sie sich von Anfang an, bereits am Vortag einen Plan für den nächsten Tag bzw. für die laufende Arbeitswoche aufzustellen. Darin gehören Termin, Arbeitsaufgaben, zu erledigende Telefonate und ausreichend Pufferzeit für unvorhergesehene Dinge hinein. Sie erreichen zweierlei damit. Zum einen können Sie den Umfang Ihrer Arbeit besser einschätzen und haben so eine Vorstellung, was der neue Tag bringen wird. Darüber hinaus haben Sie aber ein nicht zu unterschätzendes Erfolgserlebnis. Nichts ist befriedigender, als wenn Sie eine Aufgabe nach der anderen abhaken können und so genau sehen, was Sie gearbeitet haben. Die meisten Menschen sind nämlich visuell veranlagt. Will heißen, nur das was wir sehen, glauben wir auch.

Vermeiden Sie familiäre Störungen

Gerade wenn Sie zu Hause arbeiten ist die Verlockung groß, daß Ihre Familie zu Ihnen oder umgekehrt Kontakt sucht. Zwar ist dies einer der Vorteile der Teleheimarbeit, aber Sie sollten trotzdem eine Regelung treffen. Erlauben Sie Ihrer Familie keinen ungehinderten Zugang. Richten Sie vielmehr feste Pausen- bzw. „Besuchs“-zeiten ein. Das bedeutet ja nicht, daß man Sie in „Notfällen“ nicht stören darf.

Gestalten Sie den Computereinsatz richtig

Um effektiv zu arbeiten sollten Sie sich gerade an Ihrem Hauptwerkzeug, den Computer, ebenfalls an ein Ordnungssystem gewöhnen. Gerade diese Systeme sind auf eine systematische Dateiverwaltung angelegt, um effizient zu arbeiten.

Legen Sie Order bzw. Verzeichnisse an

Ähnlich, wie Sie in Ihrem Büro Ihren Korrespondenz mittels Aktenordner und Aktenschränke handhaben, sollten Sie bei Ihrer Arbeit am PC genauso vorgehen.

Legen Sie von Anfang an Ordner bzw. Verzeichnisse für Ihre unterschiedlichen Tätigkeiten an. Dabei sollten Sie das System Ihrer Aktenordner übernehmen und insbesondere die gleichen Namen wählen. So haben Sie schnellen Zugriff auf wichtige Daten und müssen nicht lange überlegen, wo Sie die dazugehörige Datei gespeichert haben.

Betreiben Sie regelmäßig Datenpflege

Auch wenn es Ihnen lästig erscheint, sollten Sie sich die regelmäßige Datenpflege zur Gewohnheit machen. Trotz und gerade auch der heute üblichen riesigen Festplatten, sammeln sich unzählige Dateien an und man verliert rasche die Übersicht. Nun kann man diese Dateien zwar sehr schnell löschen, aber wie so oft im Leben benötigt man keine zwei Minuten danach gerade diese Datei. Um dem vorzubeugen, ist folgende Verfahrensweise empfehlenswert: Zunächst sollten Sie sich ein besonders Verzeichnis, z.B. \ARCHIV, anlegen. Alle zwei bis drei Monate sollten Sie dann ein weiteres Unterverzeichnis, etwa \1-3-97, für die Dateien Januar bis März des Jahres, anlegen. In dieses kopieren Sie nun alle überflüssigen Daten. Wenn Sie zusätzlich Platz sparen wollen, dann können Sie diese Daten noch mit einem gängigen Packprogramm, z. B. WinZIP, komprimieren. Sie haben trotzdem noch raschen Zugriff auf diese Daten, denn im Bedarfsfall zeigen Ihnen die modernen Packprogramme den Inhalt der gepackten Datei und Sie können die benötigte Datei entpacken und erneut verwenden.

Kennzeichnen Sie Ihre Ausdrucke mit der Dateikennung

Auch wenn Sie sich an die obigen Ratschläge halten, werden Sie noch eine gewisse Zeit brauchen, um eine Datei einem Ausdruck eines Schriftstücke zuordnen zu können. Kennzeichen Sie deshalb alle Ihre Texte mit den Dateinamen. Als praktikabel hat sich hier entweder der Raum in der Leitwortzeile (das ist die Zeile, die mit „Ihr Schreiben vom:“ beginnt) oder in der Fußzeile erwiesen. Wenn Sie über eine moderne Textverarbeitung verfügen, können Sie das sogar vollautomatisch erledigen. Mit der in Büros weitverbreiteten Textverarbeitung Winword erledigen Sie dies ab der Version 2.0 wie folgt: Über den Menüpunkt *Einfügen/Feld* öffnen Sie ein Dialogfeld. Dort klicken Sie den Eintrag *Dokument-Information* aus der Auswahl Feld an. Als Feldnamen wählen Sie *Dateiname*. Wenn Sie jetzt noch den Schalter /p hinzufügen, dort Ihnen Winword den vollständigen Pfad samt Dateiname aus. So können Sie den Speicherort leicht nachvollziehen.

e-Mails

Für e-Mails gilt im Prinzip das gleiche wie für das Erledigen der normale Post. Bearbeiten Sie diese zu einem festgelegten Zeitpunkt. Ihre e-Mails sollten Sie der Übersichtlichkeit wegen in ein bestimmtes (Unter-)Verzeichnis (z.B. \EMAIL) ablegen. Wenn Sie die Nachricht gelesen haben, sollten Sie wie folgt vorgehen. Sind Sie der Meinung, daß die Nachricht nicht weiter benötigt wird, dann löschen Sie diese sofort oder verschieben Sie sie in den Archivordner. Alle anderen e-Mails sollten Sie sofort in das zum Vorgang gehörende Verzeichnis verschieben.

Verschieben sollten Sie die e-Mails in beiden Fällen deshalb, da zu viele Kopien im Postverzeichnis die Übersicht erschweren und doppelte Dateien nur die Festplatte unnütz belegen.

Faxe

Beim faxen über den PC ergibt sich eine weitere Besonderheit. Die eingehenden Faxe werden ebenfalls in ein gesondertes Verzeichnis, z.B. \FAXE, abgelegt. Allerdings werden eingehende Faxe nicht als Text, sondern als Bilder abgespeichert. Dadurch sind sie vom Umfang her wesentlich größer als normale Textdateien. Sie sollten deshalb hier ebenfalls entscheiden, ob es sich lohnt die Datei aufzuheben. Kommen

Sie zu dem Entschluß, daß Sie sie aufheben wollen, so haben Sie die Wahl. Entweder Sie speichern diese Faxdatei in ihrem Bildformat in das dazugehörige Verzeichnis oder Sie benutzen eine Texterkennungssoftware (sogenannte OCR-Software) und wandeln die Datei in das platzsparende Textformat um. Nebenbei erzielen Sie noch den Effekt, daß Sie dieses Fax auch mit Ihrer Textverarbeitung weiterverarbeiten können.

Corporate Identity und Telearbeit

Damit Ihr Unternehmen nicht im weltweiten Angebot untergeht, sollten Sie ihm eine eigene Identität geben und diese Identität Ihren Kunden und Lieferanten vermitteln.

Bedenken Sie, daß die Unterschiede bei den Produkten und Dienstleistungen in der EDV heute geringer denn je sind. Um so wichtiger ist es, daß Sie sich von Ihren Mitbewerbern durch eine persönliche Note positiv hervorheben. Im Idealfall sollten Sie Ihre Kunden soweit bringen, daß Sie mit Ihrem Firmennamen bestimmte positive Eigenschaften verbinden. Viele Telearbeiter vergessen bei Ihren Aktivitäten, daß eine Corporate Identity nicht nur den „großen" Firmen vorbehalten ist. Mit geringem Aufwand lassen sich auch für kleiner Unternehmen respektable Ergebnisse erzielen.

Das äußere Erscheinungsbild

Auch wenn Sie vermutlich die meiste Zeit vor Ihrem Computer verbringen, sollten Sie nicht vergessen, daß zumindest Ihre „Produkte" nach außen treten. Das Erscheinungsbild ist deshalb besonders wichtig.

Zunächst sollten Sie Ihre Firmenkultur definieren und beschreiben. Am besten gehen Sie von folgender Überlegung aus: Wodurch unterscheiden Sie sich von den anderen? Sind es:

- Ihre Flexibilität?
- Ihre unkonventionelle Arbeitsweise?
- Ihre regionale Kompetenz?
- Oder Ihre europäischen oder asiatischen Kontakte?

Sicherlich fallen Ihnen noch ein paar andere Vorteile ein. Schreiben Sie diese auf. Aus Ihren Aufzeichnungen formulieren Sie dann Ihre Firmenkultur. Das geht am besten, wenn Sie alle Eigenschaften in einem prägnanten Schlagwort oder kurzen Satz zusammenfassen. Achten Sie aber darauf, daß Sie die Aussage möglichst kurz halten. Diese Aussage sollte sich nämlich später auf allen Ihren Druckwaren und weiteren Medien wiederfinden.

Als nächstes sollten Sie sich Gedanken über ein Logo machen. Zwar besteht ein Corporate Identity nicht nur aus einem Firmenslogan und einem Logo – aber als elementare Bestandteile gehören diese beiden unbedingt dazu. Wie sie zu einem eindrucksvollen Logo kommen, hängt von Ihren eigenen grafischen Fähigkeiten ab. Oft ist es besser einen Grafiker damit zu beauftragen, als sich selbst tagelang ohne rechten Erfolg zu versuchen.

Bevor Sie sich endgültig für eine Aussage und ein Logo entscheiden, bedenken Sie, daß diese Entscheidung von langer Dauer sein sollte. Ein einmal gewähltes grafisches Erscheinungsbild sollte, wegen des Wiedererkennungseffekts möglichst lange unverändert und auf allen Ebenen verwendet werden.

Haben Sie sich entschieden, dann sollten nicht nur Ihr Briefpapier oder Ihre Visitenkarten, sondern jedes Dokument aus Ihrem Hause mit diesem Logo versehen werden. Am besten verwenden Sie eine eingescannte Fassung Ihres Logos, welches Sie dank der modernen Textverarbeitungsprogramme problemlos in jedes Dokument einbinden können.

Achten Sie in jedem Fall darauf, daß Ihr Logo und/oder Ihr Slogan so oft wie möglich erscheint. Dabei gibt es viele Möglichkeiten. Die nachfolgende Aufstellung soll Ihnen dabei behilflich sein:

CHECKLISTE: Ihr Logo und/oder Firmenslogan gehört auf:

- Briefbögen und Umschläge
- Lieferscheine/Rechnungen
- Visitenkarten
- Stempel
- Faxvorlagen
- Ihre Webseite im Internet
- Versandpackungen
- das Produkt
- Firmenschilder
- Werbepost

Einheitliches Verhalten am Telefon

Wie bereits erwähnt, sollten Sie auf allen Ebenen der Kommunikation nach außen Ihre persönliche Note pflegen. Dazu gehört insbesondere auch Ihr Verhalten am Telefon.

Ihre Firmenphilosophie sollte von allen Mitarbeitern auf die gleiche Weise ausgestrahlt werden und von einem einheitlichen Erscheinungsbild zeugen. Dies beginnt mit einer einheitlichen Begrüßung am Telefon. Wer auch immer in Ihrem Unternehmen den Anruf entgegennimmt, er sollte die gleiche Begrüßung verwenden. Dabei wird der Firmenname genannt und der Ansprechpartner stellt sich mit Namen vor. Gerade bei letzterem bedenken Sie bitte, daß der Anrufe Sie bzw. Ihren Mitarbeiter gerne persönlich ansprechen möchte. Hilfreich kann in diesem Zusammenhang sein, daß Sie die Begrüßungsformel auf Ihre Telefone kleben. So können Sie sich auch in der größten Hektik durch einfaches Ablesen ordentlich vorstellen.

Vergessen Sie abschließend nicht, daß zum einheitlichen Verhalten am Telefon nicht nur die Begrüßung gehört. Legen Sie fest, nach wie vielen Klingelzeichen ein Anruf beantwortet wird, optimal sind zwei bis vier.

Einheitliches Erscheinungsbild der Korrespondenz

Unterschätzen Sie nicht die Bedeutung Ihrer Firmenkultur in Briefen, Faxen und e-Mails. Auch hier gilt: Jedes Schriftstück, das Ihr Unternehmen verläßt, muß Ihre Unternehmensphilosophie vermitteln und konsequent verwendet werden. Vielleicht fällt Ihnen auch eine firmenspezifische Grußformel ein, die von dem üblichen „mit freundlichen Grüßen“ abweicht. Auch hier sollten Sie bedenken: Positiv auffallen ist schon die halbe Miete.

Einheitliches Auftreten

Achten Sie unbedingt auch darauf, daß sich das Verhalten aller Mitarbeiter an der Firmenidentität orientieren sollte. Dazu gehört, daß allen Mitarbeitern die Philosophie bekannt ist und sie diese durch Ihr Verhalten widerspiegeln. Wenn Sie sich etwa die Eigenschaft „zuverlässig“ auf Ihre Fahnen geschrieben haben, dann sollten Sie Versprechen auch unbedingt einhalten. Niemand wird ein zweites Mal mit Ihnen Geschäfte machen, wenn Sie Fristen ohne triftigen Grund überschreiten.

Achten Sie auch darauf, Ihrer Firma einen persönlichen Touch zu geben. Dieser kann darin liegen, daß Sie bestimmte Dinge ungewöhnlich erledigen (z.B. zu der bestellten Software einen Virenscanner kostenfrei dazu packen) oder sich mit kleinen Gags (z.B. die Dreingabe einer Uhr in CD-Form, natürlich mit Ihrem Logo versehen) in Erinnerung bringen.

Gerade für den Telearbeiter bieten sich eine Reihe an Gestaltungsmöglichkeiten des eigenen Corporate Identity an. Sie sollten aber nie vergessen Ihr gesamtes Unternehmen einzubeziehen. Legen Sie keinesfalls den Schwerpunkt nur ausschließlich auf den Kontakt zu Ihren Kunden. Auch in Ihrem Verhalten zu Ihren Lieferanten und, sofern sie welche haben, zu Ihren Mitarbeitern, sollte Ihre Firmenphilosophie zum Ausdruck kommen.

Motivation

Eines braucht der Telearbeiter sicherlich im größeren Umfang: Motivation. Dabei muß man sich vergegenwärtigen, daß wir zum größten Teil von unseren Gefühlen bestimmt werden. Wir alle kennen die Situation, in der wir eine Entscheidung „aus dem Bauch heraus“ fällten und erst im Nachhinein begründeten.

Leider sind wir Menschen von vielfältigen Stimmungen abhängig, die uns den Tag verderben oder aber verschönern können. In einer Gemeinschaft, wie sie etwa eine Firma darstellt, hat diese auch die Aufgabe etwaige Stimmungstiefs auszugleichen. Der Telearbeiter – hier vor allem die Einzelkämpfer – steht oft vor dem Problem sich selbst motivieren zu müssen, da es eben diese Kollegen nicht gibt. Hier hilft nur Selbstdisziplin und Selbstmotivation weiter. Und so schwer und bedeutungsvoll wie das klingen mag, ist es gar nicht, sich selbst zu motivieren. Üben Sie sich vor allem im positiven Denken und beherzigen Sie folgende Punkte:

- ***Achten Sie auf Ihre innere Einstellung!***

  Lernen Sie positives Denken. Wenn Ihre Gedanken nur um einen möglichen Mißerfolg kreisen, wird er sich gemäß dem Gesetz der Selbsterfüllung auch einstellen. Sehen Sie die positiven Seiten.

- ***Formulieren Sie Ihre Ziele positiv***

  Formulieren Sie schriftlich, was Sie erreichen wollen. Oft werden Ziele negativ formuliert, z.B. man bestimmt, was man in Zukunft vermeiden oder nicht erleben will.

  Legen Sie fest, bis wann Sie Ihr Ziel erreicht haben wollen.

  Achten Sie immer darauf, genügend Ziele zu haben. Ein Ziel ist solange motivierend, bis Sie es erreicht haben.

- ***Entwickeln Sie einen Tagesaktivitätenplan***

  Ziele müssen nicht in weit erreichbarer Ferne liegen. Oft genügen Tagesziele. Legen Sie sich bereits am Vorabend des nächsten Tages einen Tagesplan an und hakten Sie Punkt für Punkt ab.

- ***Lassen Sie sich nicht unter Druck setzen!***

  Es gibt Menschen, die verstehen es perfekt, andere immer wieder unter Druck zu setzen, weil Sie jedes Problem dramatisieren. Vergegenwärtigen Sie sich, daß Sie nur bei einem verschwindend geringen Anteil der auftretenden Probleme wirklich sofort handeln müssen. Der überwiegende Rest erledigt sich erfahrungsgemäß im Laufe der Zeit selbst.

- ***Erfüllen Sie sich auch einmal einen Traum!***

  Belohnen Sie sich für erreichte Ziele. Wir alle möchten belohnt werden. Belohnungen steigern die Motivation und das allgemeine Wohlbefinden, welches sich wiederum auf Ihr Auftreten auswirkt.

Achten Sie aber in jeden Fall einmal auf Ihre innere Stimme. Wir Menschen reagieren auf die unterschiedlichsten Motivationsfaktoren. Nicht alle Faktoren wirken bei allen gleich. Hier sollten Sie einmal sich selbst erforschen und herausfinden, was Sie motiviert. Diese Ziele sollten Sie dann aufschreiben und so verwahren, daß Sie ab und zu einen Blick darauf werfen können und sie so nicht aus dem Gedächtnis verlieren.

Kommunikation

Die Arbeit an einem Telearbeitsplatz bringt es oft mit sich, daß zwischenmenschliche Beziehungen eingeschränkt werden. Hier liegt auch einer der Hauptkritikpunkte der Gegner der Telearbeit. Es ist auch richtig, denn es liegt in der Natur der meisten Menschen in Beziehungen mit anderen Personen treten zu wollen.

Allerdings sollte man diesen Gesichtspunkt nicht überbewerten. Eines muß der aktive Telearbeiter, dem es um Meinungsaustausch mit Gleichgesinnten mit ähnlichen Ansichten oder Bedürfnissen geht, sicherlich: er muß etwas aktiver werden als seine „normalen" Bürokollegen. Vielfach liegt es an dem Telearbeiter selbst, ob er mit dem „isolierten" Arbeiten Probleme bekommt oder nicht. Aber eines sollte man auch nicht vergessen: Gerade die Onlinekommunikation ermöglicht ganz neue Wege der Verständigung mit Gleichgesinnten auf der ganzen Welt. Millionen surfen in den Netzen und suchen nach Personen, mit denen sie ihre Gedanken und Meinungen austauschen können. Kommunikationsmöglichkeiten gibt es genug. Vielleicht probieren Sie einmal das sogenannte Chatten oder Sie besuchen eine Newsgroup (Einzelheiten im Kapitel „Wege ins Netz"). Schon oft ist aus dem anfänglichen elektronischen Kontakt mehr geworden.

Prioritätenmanagement

Ein weitere Nachteil, den die Telearbeit mit sich bringt, ist daß der Einsatz der neuen Medien zu einer nicht unerheblichen Datenflut führten kann. Neudeutsch nennt man diese neue Volkskrankheit denn auch „Infoflut". Und es ist wahrlich eine Schwemme an Informationen, die uns aus vielerlei Quellen erreicht: Fernsehen, Radio, Gedrucktes, Computernetze, Handys und Faxgeräte – Informationen überall, jederzeit. Selbst für den geübten Telearbeiter ist es nicht leicht in diesem riesigen Angebot die Übersicht zu behalten. Denn gezielt Infos zu einem Thema zu sammeln, ist fast unmöglich geworden. Und so stellt man sich oft die Frage, ob man das alles verarbeiten muß oder ob man nicht bestimmte Dinge abblocken sollte.

Auf der einen Seite muß man nicht alles wissen, auf der anderen Seite schwingt aber oft die Angst mit, daß man etwas „Wichtiges" versäumen könnte. Wie also kann man dieses Dilemma lösen?

Hier haben sich folgende 5 Grundregeln bewährt, die gerade auch ein Telearbeiter beherzigen sollte:

ABC-Methode

Verwenden Sie die gute alte ABC-Methode. Ordnen Sie jede Information nach folgenden Wichtigkeitsstufen. Den Begriff „Wichtig“ sollten Sie nach ihren individuellen Zielen bewerten.

Gehen Sie wie folgt vor:

A = Wichtig und Dringend
B = Wichtig, aber nicht dringend
C = Weder wichtig noch dringend

Und behandeln Sie nun die eingeordneten Infos so:

A = Sofort erledigen! Kein Aufschub möglich!

B = Wichtigsten Infos, die Sie weiterbringen, aber nicht sofort verarbeitet werden müssen!

C = Sofort loswerden! Trennen Sie sich auf der Stelle von diesen Informationen. Scheuen Sie sich auch nicht diese in den Papierkorb zu werfen oder von Ihrem PC zu löschen.

Wenn Sie strikt nach diesem Prinzip vorgehen, werden Sie rasch erkennen, daß erfahrungsgemäß ca. 80 % der Informationen in die Kategorie C gehören, ca. 15 % in die Kategorie B und nur magere 5 % in die Kategorie A.

Erstellen Sie sich ein persönliches Profil!

Um zu erfahren, welche Informationen für Sie wichtig sind, müssen Sie natürlich zunächst eine Vorauswahl treffen. Notieren Sie sich am besten eine Woche lang, aus welchen Medien und Quellen Sie sich zuerst und am besten informieren. Haben Sie den Kreis eingeengt, dann beschränken Sie sich in Zukunft auf diese! Sorgen Sie dafür, daß Sie die übrigen Infos nicht mehr auf den Tisch bzw. auf Ihre Festplatte bekommen. Lesen Sie in den gedruckten wie elektronischen Medien nur die Seiten, die für Sie wichtig sind.

Lehnen Sie auch einmal Informationen ab!

Lernen Sie „Nein!“ zu sagen. Das hat nichts mit Unfreundlichkeit oder Unhöflichkeit zu tun, sondern mit Ordnung. Wenn Ihnen Informationen angeboten werden, die für Sie uninteressant sind, lehnen Sie diese bereits im Vorfeld ab. Wenn Sie das Ihrem Gegenüber bestimmt und entschlossen in einem freundlichen Ton erklären, wird man Ihnen auch nicht böse sein. Bedenken Sie: Alles, was nicht auf dem Tisch oder Ihrer Festplatte landet, ist ein Erfolg.

Ordnen Sie Informationen sofort!

Geben Sie die Informationen sofort weiter, wenn diese Sie nicht betreffen, aber für andere wichtig sein könnten. Und vernichten Sie die Informationen, die für Sie nicht von Belang sind (und es auch nie werden!). Wichtiges Material aber sollten Sie sofort archivieren und verwalten. Hierzu sollten Sie sich einen speziellen Ordner (aus Karton und auf Ihrer Festplatte) anlegen und die Informationen darin ablegen. Bewährt haben sich dabei auch die kleinen gelben (oder in einer anderen Farbe erhältlichen) Aufkleber, auf denen man griffige Stichworte notiert und sie auf die Information klebt. Dieses Prinzip funktioniert auch auf Ihrem Computer. Nur werden hier die Zettel durch die Möglichkeit Dateien auch mit einer Eigenschaft bzw. einem Infofeld zu versehen ersetzt.

Planen Sie täglich!

Der fünfte und wichtigste Punkt betrifft die Planung, also das geordnete Vorgehen. Einmal am Tag sollten Sie sich einen Überblick über alle eingegangenen Informationen verschaffen Als günstiger Termin hat sich die Zeit nach dem Mittagessen bewährt, da im Regelfall die meisten vormittags ihre Post erledigen und bis dahin in der Regel die wichtigsten Infos des Tages eingelaufen (Post, Anrufe, e-Mails, usw.). Und Sie können die das nachmittägliche Tief für solche unkreativen Aufgaben ideal nutzen und schaffen so gleich Platz!

Wege ins Netz

Für den Telearbeiter ist die wichtigste Frage, wie er online geht, also von seinem heimischen Büro mit der übrigen Welt kommuniziert. In diesem Kapitel werden Sie alles über das Internet und das Onlinegehen erfahren und Sie werden die Wege ins Netz aufgezeigt bekommen.Wege ins Netz

Kontakt zur (Außen-)Welt

Während Telearbeiter in Telezentren meist auf vorhandene Kommunikationszugänge zurückgreifen können, stellt sich für den heimischen Telearbeiter die Frage, wie er am besten den Kontakt zur Außenwelt herstellen kann.

Dafür bieten sich zwei Möglichkeiten an: Sie wählen den Weg über einen der Internetprovider, die Ihnen gegen Bezahlung einen Anschluß ins Internet vermitteln. Oder Sie wählen einen der kommerziellen Onlinedienste wie z.B. America Online, CompuServe oder T-Online. Letztere bieten Ihnen in erster Linie den Zugriff auf eigene Daten des Dienstes und daneben auch einen Internetanschluß. Nur dann können Sie über das Gateway (so nennt man den Kommunikationscomputer) auf die Datenautobahn gelangen. Als gewerbliche Nutzer sollten Sie übrigens darauf achten, daß manche Internetanbieter Sondertarife für diese Anwender anbieten.

Somit haben Sie die Qual der Wahl. Deshalb sollten Sie sich erst nach genauerer Information und Ausprobieren entscheiden. Erfahrungsgemäß ist es Geschmackssache, welchen Weg man schließlich wählt.

Onlinedienste

Onlinedienste bieten dem Nutzer Zugang zu einer Anzahl von Dienstleistungen, die zum Teil direkt vom Anwender, meist aber auch von angeschlossenen Drittanbietern bereitgestellt werden. Dies sind zum Beispiel Datenbanken, Nachrichten, e-Mail, Konferenzsysteme und Diskussionsforen.

Das eigentliche Angebot des jeweiligen Onlinedienstes ist normalerweise nur über eine spezielle Software abrufbar. Diese stellt Ihnen der Anbieter in der Regel kostenfrei auf CD zur Verfügung oder Sie können diese direkt downloaden. Weiterhin erhalten Sie einen Account, also einen Namen mit Paßwort. Meist ist in die Anbietersoftware auch ein Browser als Sprungbrett für das Internet eingebunden. Sind Sie also erst einmal Kunde des Onlinedienstes, dann steht Ihnen auch die Nutzung des WWW und je nach Anbieter auch die Tür zu anderen Internetdiensten wie FTP oder Newsgroups, offen.

Auswahlkriterien für den jeweiligen Dienst sollten die Kosten, die Zugangsmöglichkeit, die Übertragungsgeschwindigkeit und die Entfernung des eigenen Standortes zum nächst möglichen Einwahlknoten sein. Bedenken Sie auch, daß bei den Kosten sowohl die vom Anbieter erhobenen Gebühren, als auch die Telefonkosten bis zum Einwahlknoten, sich addieren und zusammen kalkuliert werden müssen. Hier sollten Sie unbedingt darauf achten, daß Sie einen örtlichen Zugang erhalten und so über die relativ günstigen Ortsgebühren ins Netz gelangen.

Es gibt mittlerweile eine Reihe von Onlinediensten, deren Vorstellung den Rahmen dieser Dokumentation sprengen würde. Nachfolgend soll deshalb nur auf die größten eingegangen werden.

AOL – America Online

In den USA ist AOL der Datendienst mit den meisten Nutzern. Von Bertelsmann wurde der Dienst Ende 1995 nach Deutschland geholt.

Neben der obligatorischen Versorgung mit jeglicher Software und tagesaktueller Information richtet sich AOL an Nutzer, die einfach Spaß in einem Onlinedienst suchen und zielt damit in erster Linie auf den Privatanwender. Teleworker sollten sich deshalb überlegen, ob sie dieses Angebot benötigen.

Von Anfang an setzte AOL mit über 50 Knoten, die alle mit maximal 28.800 Baud arbeiten, auf eine schnelle und flächendeckende Kundenanbindung. Rund 70 % der Bevölkerung erreichen AOL so zum Ortstarif.

AOL bietet einen vollständigen Internet-Zugang. Der Browser ist in die Software integriert und gilt als einer der schnellsten. Besonders attraktiv ist die Möglichkeit, ganze Seiten des Dienstes abzuspeichern.

Pro Benutzername stellt AOL maximal 2 MB Speicherkapazität im Internet, z.B. für eine eigene Homepage, zur Verfügung.

Mittlerweile bietet AOL auch Homebanking an. Eine erste Bank, die „Direkt Anlage Bank", ist schon vertreten, weitere sollen folgen.

Die Software ist sehr leicht zu installieren und zeichnet sich durch intuitive Bedienung aus. Erfreulich ist, daß die Anmeldung zu dem Dienst auch online erfolgen kann. Das heißt, man muß lediglich die Software installieren und sich in einen der Einwählknoten einwählen. Dann wird man nach ein paar Informationen wie Paßwort oder Registrierungsnummern gefragt, die man auf den Softwaredisketten oder der CD findet. Abschließend muß man nur noch seine persönlichen Daten angeben und schon kann es losgehen.

Kurzinfo AOL	
Onlinedienst:	AOL Bertelsmann Online GmbH & Co KG
Bestellungen:	01805 / 52 20
Gebühren:	◆ 9,99 DM Grundgebühr/Monat (inkl. zwei Freistuden) ◆ 10 Pf je weitere Minute Nutzung, ◆ keine Zusatzkosten für bestimmte Inhalte.
Einwahlknoten:	54 in Deutschland mit max. 28.800 Baud; ISDN-Zugang geplant, aber noch nicht realisiert.
Eigenes Angebot:	Großes deutschsprachiges Angebot unter eigener Oberfläche. Wendet sich vornehmlich an Privatanwender. Erste Homebankingmöglichkeit vorhanden.
Internetzugang:	Völlig in die Oberfläche integriert.
Homepage:	2 MB großer Bereich für die eigene Homepage.
Nutzer:	Man geht von ca. 4. Mio. Nutzer weltweit aus.

CompuServe

Dieser Onlinedienst kommt aus den USA und hat sich bereits seit Jahren als Informations- und Kommunikationsdienst auch in Deutschland einen Namen gemacht. Eine Besonderheit dieses Dienstes ist, daß nahezu jede große und kleine Firma, die im Computerbusiness tätig ist, hier mit einem eigenen Bereich vertreten ist. Daneben findet sich im Angebot von CompuServe ein reichhaltiger Support für alle Betriebssysteme, Sharewareprogramme und aktuelle Information aus aller Welt. So liefert CompuServe auch deutschsprachige Dienste, etwa dpa, Der Spiegel, Inhalte der Süddeutschen Zeitung und der Neuen Züricher Zeitung und sogar die Fahrpläne der Deutschen Bahn AG. Für Geschäftsleute ist der Finanzservice interessant: Informationen zu Anlagefonds, Wechsel- und Aktienkursen erscheinen per Mausklick auf dem Bildschirm.

In der aktuellen Software für diesen Onlinedienst ist der Internet-Browser, also das Programm, das man zum Surfen im WWW benötigt, bereits enthalten.

CompuServe ist mit insgesamt 14 Einwahlknoten vertreten, also nur in wenigen großen Städten zum Ortstarif erreichbar. Ausgeglichen wird dieses Manko, daß alternativ auch die Einwahlmöglichkeiten von T-Online genutzt werden können.

Die Installation der Software geht reibungslos vonstatten. Alle erforderlichen Daten werden automatisch oder durch Abfragen eingestellt. Der Internetzugang ist über das kostenfrei mitgelieferte „Mosaic“ oder über alle anderen WWW-Browser möglich. Für eine eigene Homepage steht maximal 1 MB zur Verfügung

Kurzinfo CompuServe	
Onlinedienst:	CompuServe Deutschland GmbH
Bestellungen:	0130 / 37 32
Gebühren:	◆ 9,95 US$ Grundgebühr/Monat (inkl. fünf Freistunden), ◆ 2,95 US$ je weitere Stunde; ◆ manche Zusatzangebote gebührenpflichtig.

Einwahlknoten:	14 in Großstädten (Berlin, Dortmund, Düsseldorf, Hamburg, Karlsruhe, Köln, 2x München, Nürnberg und Stuttgart). Alle mit max. 28.800 Baud, 6 davon auch mit ISDN-Zugang. Daneben Zugang über das flächendeckende T-Online-Netz möglich, allerdings mit Zusatzgebühren verbunden.
Eigenes Angebot:	Sehr großes Angebot unter eigener Oberfläche. Viele professionelle Anbieter und Datenbankdienste, Supportforen vieler Hersteller, gesamtes Programm international, aber überwiegend englischsprachig.
Internetzugang:	Über mitgelieferten Browser „Mosaic", der als externes Programm existiert.
Homepage:	1 MB großer Bereich für die eigene Homepage.
Nutzer:	Ca. 4 Mio. weltweit, davon ca. 200.000 in Deutschland

Eunet

Eunet spricht in erster Linie Unternehmer und professionelle PC-Anwender an, die auf schnelle Modem- oder ISDN-Verbindung größten Wert legen. Ähnlich wie bei T-Online sind bereits alle Einwahlknoten mit ISDN ausgestattet.

Interessant ist Eunet aber auch wegen der angebotenen Dienstleistungspakete. Das wichtigste heißt Personal Eunet Classic und enthält den Internet-Zugang, Eunet-Mail, den Kommunikationsdienst Eunet-News sowie den Zugriff auf das zentrale Eunet-Archiv. Angeboten werden außerdem ein Privat- und ein Busineßtarif.

Die Installation erfolgt auch hier vollautomatisch und ohne Probleme. Falls wider Erwarten das Login, also die berechtigte Zugriff auf den Rechner, nicht klappen sollte, hilft eine Hotline weiter.

Kurzinfo Eunet	
Onlinedienst:	Eunet
Bestellungen:	01805 / 35 47 47
Gebühren:	Privattarif: ◆ 35,00 DM/Monat (inkl. 5 Freistunden) ◆ 2,40 – 9.00 DM je weitere Stunde Busineßtarif: ◆ 49,00 DM/Monat (inkl. 10 Freistunden) ◆ 3,60 – 7,20 DM je weitere Stunde
Einwahlknoten:	30 in deutschen Großstädten
Eigenes Angebot:	Diverse Dienstleistungspakete (News, Mail, Archiv, usw.)
Internetzugang:	Beliebiger Browser

msn – Microsoft Network

Eine Nebenrolle in Deutschland spielt gegenwärtig der Microsoft-Online-Dienst msn. Integriert in Windows 95 erlaubt msn einen sehr einfachen Zugriff auf das mittlerweile recht umfangreiche Angebot. Multimedia und aufwendige Grafiken werden bei msn großgeschrieben. Gegenwärtig ist das Angebot allerdings sehr auf den amerikanischen Markt zugeschnitten. Nach Auskunft von Microsoft soll sich das aber bald ändern.

Kurzinfo msn	
Onlinedienst:	Microsoft Corporation
Bestellungen:	Integriert in Windows 95
Gebühren:	◆ 14,00 DM/Monat ◆ 7,20 DM je Stunde
Eigenes Angebot:	Eigener Dienst unter eigener Oberfläche
Internetzugang:	MS Internet Explorer 3.0

T-Online

Der älteste Onlinedienst in Deutschland gehört der Deutschen Telekom. Was früher BTX und Datex-J hieß und wenig komfortabel zu bedienen war, wurde nun in T-Online umbenannt. Aber nicht nur der Name wurde geändert. Aussehen und Bedienbarkeit wurden erheblich verbessert und für den Nutzer multimedial aufbereitet. Seit der Funkausstellung 1995 bietet der Dienst nun endlich auch einen vollständigen Internetzugang. Interessant dabei ist, daß die Telekom auch selbst im WWW präsent ist und Ihnen bei der Suche nach interessanten Themen hilft. Wer T-Online wählt, hat aber nicht nur Einlaß ins Internet, sondern auch Btx-Zugang (also zum Bildschirmtext der Telekom). Allein aus Bereichen wie Homeshopping, Datenbankrecherche, Reise, Verkehr, Unterhaltung, Computer, Geld, Börse sowie Foren und Dialoge (Chat) warten über 5700 Angebote auf Ihren Abruf. Und was das Online-Banking angeht, so ist T-Online sogar führend: Momentan gibt es keinen anderen Internet-Anbieter, der eine gleichwertige Alternative für Onlinebankgeschäfte bietet.

Die Installation der Software, die Sie entweder im T-Punkt der Telekom, auf Zeitschriften beigelegten CDs oder im Rahmen Ihrer Mitgliedschaft bei T-Online erhalten, ist im Regelfall unproblematisch. Das vollautomatische Setup-Programm findet meist auf Anhieb den Zugang zum Internet – gleich, welches Modem an den PC angeschlossen ist. Nicht ganz einfach zu bewerkstelligen ist dagegen die Einstellung von Hand. Dies liegt nicht zuletzt an der umfangreichen Anpassung der Telekom-Software an die unterschiedlichen Modemtypen. Aufgrund der Vielzahl der Einstellungen, die vorgenommen werden können, sollte man deshalb die vollautomatische Installation versuchen, die in den meisten Fällen von Erfolg gekrönt ist. Mit dem Browser hat die Telekom eine gute Wahl getroffen. Bei der Installation wird der Netscape Navigator mit deutscher Benutzerführung oder wahlweise der Internet Explorer von Microsoft auf die Festplatte kopiert.

Kurzinfo T-Online	
Onlinedienst:	Deutsche Telekom AG
Bestellungen:	0130 / 80 86 06
Gebühren:	◆ 8,00 DM Grundgebühr/Monat, Mit Einführung des Decoders 2.0 ab Mitte 1997 Einheitspreis für T-Online und Internet: ◆ 8 Pf/Minute im Normaltarif (8 – 18 Uhr), ◆ 5 Pf/Minute im Billigtarif (18 – 8 Uhr) sowie an Wochenenden und Feiertagen, ◆ gesonderte Gebühren für Internetzugang entfallen (bisher 5 Pf/Minute), da im Einzelpreis enthalten. ◆ Aber Achtung: Verschiedene Anbieter erheben zusätzliche Gebühren.
Einwahlknoten:	Flächendeckend (rund 220 Einwahlknoten) zum Ortstarif verfügbar. Entweder 33.6 kbit/s oder ISDN.
Eigenes Angebot:	Textorientiertes (CEPT) oder grafisches (KIT) Angebot unter eigener Oberfläche. Rein deutsches System mit vielen Anbietern.
Internetzugang:	Mit zum Lieferumfang gehört eine lizenzierte Version von Netscapes Navigator wahlweise auch der Microsoft Internet Explorer, Anbindung anderer Browser ferner leicht möglich.
Homepage:	1 MB großer Bereich für die eigene Homepage.
Nutzer:	Ca. 1,6 Mio.

Ein kleiner Überblick über die Kosten

Nach so vielen Informationen möchten Sie sicherlich einen kleinen Überblick über die anfallenden Kosten der Onlinedienste erhalten. Sie sollten davon jedoch nicht unbedingt Ihre Entscheidung abhängig machen. Zum einen sind die Leistungen der Onlinedienste nicht unbedingt untereinander vergleichbar und zum anderen sollten Sie mehr Ihre persönlichen Präferenzen entscheiden lassen.

Onlinekosten pro Stunde (in Mark)						
	America Online (AOL)	Compuserve (Standard)	Compuserve (Value)	MSN (Microsoft)	T-Online (8–18 Uhr)	T-Online (18–8 Uhr)
Freistunden	2	5	20	2	–	–
Grundgebühr/ Monat	9,90	14,85*	37,43*	12,00	8,00	8,00
Onlinegebühr/ Monat	6,00	4,43	2,92	6,00	4,80**	3,00**
Internetzugang	keine	keine	keine	mtl. 49,00	keine**	keine**
Bei (fiktiv) einer Stunde (9 – 12 Uhr) fallen an:						
Oben genannte Gebühren (***) plus						
Telefonkosten	4,80	4,80	4,80	4,80	4,80	4,80
Summe:	20,70	24,08	45,15	22,80****	17,60	

* 1 US$ = 1,50 DM
*** Grundgebühr für ganzen Monat!
** Mit Einführung des Decoders 2.0
**** Ohne Internetgebühr

Internetprovider

Ein wenig mehr Aufwand als bei den vorgestellten Onlinediensten verursacht der Zugang durch einen reinen Internetprovider. Es handelt sich hierbei um Firmen, die Ihnen gegen eine Gebühr einen Interneteinwahlknoten den Zugang zum Internet ermöglichen. Mit zusätzlichen Dienstleistungen heben sie sich von den Onlinediensten ab. So bieten sie ihren Kunden neben der technischen Telefonbetreuung u.a. die Programmierung und Gestaltung von Internetseiten an.

Die Installation ist aber im Regelfall nicht problematischer als bei den Onlinediensten, da man mittlerweile auch hier die Möglichkeit einer automatischen Installation der Software findet. Was der Nutzer dann nur noch eingeben muß, sind im Regelfall die persönlichen Daten. Mit einem Klick starten Sie schließlich die Prozedur und Ihr PC wählt sich in den Provider-Rechner ein und macht Ihren PC startklar für das Internet.

Eine Aufstellung der Kosten wäre hier jedoch nicht sinnvoll. Zu unterschiedlich sind die einzelnen Serviceleistungen. Sie sollten sich deshalb unbedingt vorher vor Ort ausführlich informieren und dabei die unterschiedlichen Leistungen einander gegenüberstellen. Fragen Sie aber auch in dem Fall, ob man Ihnen Ihre Ansprüche erfüllen kann bzw. mit Rat und Tat zur Seite steht.

Nutzen Sie die Schnupperangebote

Falls Sie jetzt noch nicht wissen, welcher Internet-Provider der richtige für Sie ist, dann habe ich noch einen kleinen Tip für Sie: Probieren Sie es zunächst mit einem der Probeangebote der drei Internet-Provider AOL, CompuServe oder Eunet. Diese gewähren Ihnen entweder für zehn Stunden oder für vier Wochen freien Zugang zum Internet. Damit haben Sie die Möglichkeit, mit geringstem Geldaufwand Ihren persönlichen Internet-Provider zu finden. Denn nicht immer ist der billigste Internet-Provider auch der kostengünstigste.

Telefonkosten pro Stunde

Eines sollten Sie aber nicht vergessen: Die Telefongebühren. Neben den sehr stark differenzierenden Onlinegebühren müssen Sie natürlich noch die Telefongebühren Ihrer Netzausflüge bezahlen. Die neue Gebührenordnung Anfang 1996 hat allerdings eine feinere Abstufungen der Tarifzeiten und -zonengebracht. Der Schlüssel zu einer deutliche niedrigeren Telefonrechnung am Monatsende ist vor allem die Wahl der Tageszeit, zu der man online geht. Bedenken Sie auch: Faxe kann man oft auch nachts automatisch verschicken und e-Mails kann man auch nach 21:00 Uhr versenden. Die Übersicht zeigt, wieviel Telefongebühren in einer Stunde derzeit abhängig von Tageszeit und Entfernung anfallen.

Telefonkosten pro Stunde (in Mark)

Uhrzeit	City (Ortstarif)	Region 50 (20 bis 50 km)	Region 200 (50 bis 200 km)	Fern (über 200 km)
Wochentags				
9 bis 12 Uhr	4,80	16,68	36,00	37,57
12 bis 18 Uhr	4,80	14,40	32,00	34,56
18 bis 21 Uhr	2,88	9,60	20,09	21,60
21 bis 2 Uhr	1,80	7,20	14,40	17,28
2 bis 5 Uhr	1,80	3,60	3,60	3,60
5 bis 9 Uhr	2,88	9,60	20,09	21,60
Wochenende, Feiertag				
5 bis 21 Uhr	2,88	9,60	20,09	21,60
21 bis 5 Uhr	1,80	7,20	14,40	17,28

Online gehen

Nachdem Sie Ihre Hard- und Software eingerichtet haben, kann es jetzt losgehen. Doch bevor Sie sich in die Weiten der Datennetze stürzen sollen Sie sich mich einigen Besonderheiten vertraut machen.

Internetadressen

Eine Internet-Adresse (auch als URL für Uniform Resource Locator bezeichnet) sieht fast immer wie folgt aus: http//www.lycos.com.

Dabei steht http für Hypertext Transfer Protokoll, www für World Wide Web und lycos.com für das Programm (hier die Suchroutine).

Suchmaschinen

Zunächst werden Sie allerdings vor dem großen Problem stehen, wie Sie aus all den vielen Informationen „die richtige" herausfinden wollen. Einer der Vorteile des Internets ist, daß Sie aus einer riesigen Auswahl sehr schnell gezielt Informationen herausfiltern können. Dazu benötigen Sie lediglich einen sogenannten Suchserver. Dabei handelt es sich um eine Art Lexikon im Internet. Den Zugriff auf die gewünschte Information erhalten Sie nun, indem Sie die entsprechende Adresse eintippen. Voraussetzung dafür ist hier allerdings die Abstimmung beider Rechner. Einen derartigen Regelsatz nennt man ein Protokoll.

Wenn Sie mehr Informationen über die Internetsuche erhalten möchten, sollten Sie sich jetzt einmal im Kapitel „Arbeiten im Netz" den Abschnitt über die Onlinerecherche ansehen.

Newsgroups/Diskussionsforen

Bei den Newsgroups handelt es sich um Diskussionsforen, in denen man sich mit anderen Internetusern über die unterschiedlichsten Themen austauschen kann.

Man schätzt, daß es circa 20000 dieser Foren gibt. Dementsprechend vielfältig ist das Angebot: Ob Computer, Recht, Wirtschaft, Marketing oder Zwischenmenschliches, es gibt kaum ein Thema, zu dem es keine Newsgroup gibt. Und wenn doch, es steht Ihnen frei, eine solche zu gründen. So könnten Sie z.B. von den Erfahrungen anderer Telearbeiter profitieren und sicherlich so manchen guten Tip erhalten.

Allerdings sei auch hier nicht verschwiegen, daß diese Foren wegen einiger weniger schwarzer Schafe, die, ähnlich wie seinerseits bei den Videokassetten, die Freiheit des Internet zur Verbreitung von Kinderpornografie, Gewaltverherrlichung oder sonstigen Betrügereien mißbrauchen, leider zu Unrecht in Verruf geraten sind. Dabei wird jeder, der einmal ein Problem mit seinem Computer oder einem Softwareprogramm hatte und aufgrund der mannigfaltigen Informationen aus den Foren das Problem beseitigen konnte, diese Hilfsmittel nicht mehr missen wollen.

Chatten

„Chatten" heißt soviel wie plaudern oder schwatzen. Hier bietet sich die Möglichkeit, mit anderen Internetsurfern in Kontakt zu kommen. Mittels Mausklick und Tastatur betritt man quasi einen virtuellen Raum, eine sogenannte Main Hall (Lounge). Hier kann man „Gesprächen" zuhören oder sich auch aktiv mit der Tastatur daran beteiligen. So finden Unterhaltungen über Ländergrenzen hinweg statt. Gleich, ob mit Katharina in München oder Bill in Redmond: Sie werden überall Freunde treffen und sicherlich die Bekanntschaft manch gleichgesinnten Telearbeiters machen. Nicht umsonst gilt das Internet als der größte Treffpunkt der Welt.

e-Mail

Die letzte der phantastischen Möglichkeiten, die ich Ihnen vorstellen möchte, ist die sogenannte e-Mail, die elektronische Post im Internet. Mit ihr kann man zwischen feststationierten und mobilen Computern Briefe austauschen. Im Gegensatz zur herkömmlichen Post kommen alle Daten in wenigen Sekunden bei ihrem Empfänger an. Mitgeliefert werden dabei alle Daten, die für den Empfänger wichtig sind, wie Datum, Uhrzeit und Adresse.

Das wichtigste Zeichen ist das @ (gesprochen „Klammeraffe" oder englisch „at"). Man erhält es auf den gängigen Standardtastaturen durch gedrückte AltGr-Taste und den Buchstaben Q. Zum Verschicken einer e-Mail müssen Sie zunächst die korrekte Adresse eintippen, z.B.:

Name@Anbieter.com. Dabei steht die Variable „Name“ für Ihre Adresse, also Ihren Namen und „Anbieter“ für Ihren Internetprovider. Ist das erledigt, brauchen Sie nur noch Ihre Nachrichten eingeben.

Das Internet

Das Internet ist zur Zeit in aller Munde. Es gibt sicherlich kaum ein Medium, das nicht kürzlich darüber berichtet hätte. Während es für die einen ein Tummelplatz und Treffpunkt ist, ist es für die anderen schon wieder ein rotes Tuch. Für die meisten ist es jedoch noch immer ein Schlagwort, mit dem sie nicht allzuviel anfangen können.

Darüber hinaus führt die derzeitige Überflutung mit Informationen oft eher zur Verwirrung und Resignation, anstatt die unglaublichen Möglichkeiten des gerade beginnenden Informationszeitalters aufzuzeigen. Vielleicht geht es Ihnen genauso. Sie würden gerne einsteigen, wissen aber nicht, wie Sie das anpacken sollen. Zwar sind einige Hürden zu nehmen, bevor es losgehen kann, aber es ist eigentlich gar nicht so schwer. Für den Telearbeiter bieten sich ungeahnte Möglichkeiten und ein riesiger Absatzmarkt.

Um das Internet besser zu verstehen, muß man sich seinen Werdegang vor Augen halten. Der kalte Krieg veranlaßte das Pentagon 1969 ein dezentrales Informationssystem zu entwickeln, das auch noch nach einem atomaren Schlagabtausch informieren sollte. So entstand das Internet. Zunächst tauschten nur Wissenschaftler per Computer Daten aus. Dies änderte sich erst, als mit Beginn der 90er Jahre das Internet für jedermann zugänglich wurde. Seitdem wächst die Zahl der Benutzer mit jedem Tag. Heute ist das Internet mit seinen etwa 6 Millionen Computern und mehr als 30 Millionen Benutzern in rund 100 Ländern das größte Computernetzwerk der Welt. Es besteht im Prinzip aus Tausenden von kleineren Computern, die sich freiwillig (über Telefonleitungen) miteinander verbunden haben und die alle denselben technischen Standard zur Datenübermittlung benutzen. Es gibt folglich keinen „Zentralrechner“. Vielmehr sind alle Teile des Netzes gleichberechtigt. Dies hat den Vorteil, daß bei Ausfall eines Teiles die anderen einspringen können und so die Verbindung eigentlich nie abreißen kann.

Der wichtigste Teil des Internet ist das *WWW*, umgangssprachlich auch das *Web* genannt. Es handelt sich hierbei um einen abrufbaren Informationsdienst, der mit einer grafischen Benutzerführung versehen ist und so leichter zu bedienen ist. Was nun die Dokumente des Webs besonders auszeichnet, ist die Tatsache, daß sie Verweise (im Englischen als „links“bezeichnet) aufeinander enthalten. Beim „webben“, so nennt man das Blättern, springt man in den hypermedial verknüpften Seiten umher oder „hangelt“ sich von einer interessanten Information zur nächsten. Aber man kann auch gezielt suchen. Dazu muß man nur die zugehörige „Adresse“, mit der jede Seite ansprechbar ist, eingeben.

Wenn Sie zum Beispiel etwas über die aktuelle Nachrichtenlage lesen wollen, so müssen Sie lediglich die entsprechenden Seiten anwählen und schon können Sie etwa in der F.A.Z oder in einer der zahlreichen Regionalzeitungen „blättern“. Dabei haben Sie den Vorteil, daß Sie diese Informationen wesentlich schneller erhalten, als über den Pedanten aus Papier. Dies ist auch nicht weiter verwunderlich, wenn man bedenkt, daß der langwierige Druckvorgang entfällt.

Auf diesen Weg erhalten Sie sehr schnell die gewünschten Informationen. Gleich, ob Sie etwas über eine Firma oder ein Produkt wissen wollen, ob Sie sich über die Sehenswürdigkeiten einer Stadt informieren wollen, ob Sie Rat bei einem bestimmten Problem suchen, Sie werden im Netz rasch Hilfe und oft die Lösung Ihrer Probleme finden.

Um diese Daten auf Ihrem Computer einzuladen, benötigen Sie einen sogenannten „Webbrowser“. Dabei handelt es sich um ein Programm, welches die Webdokumente auf den Computer holt, sie auf dem Bildschirm anzeigt und die Sprünge zwischen ihnen ermöglicht. Es gibt mittlerweile eine Reihe von Anbietern. Die Programme unterscheiden sich jedoch kaum in ihrer Funktionalität, so daß letztendlich Ihr persönlichen Geschmack gefragt ist.

Der verbreitetste Browser ist der „Netscape Navigator“, auch kurz „Netscape“ genannt, der als Shareware vertrieben wird. Das bekannteste Gegenstück ist der Microsoft Internet Explorer, der kostenlos verteilt wird.

Arbeiten im Netz

Auf den folgenden Seiten werden Sie lernen, wie Sie das Netz der Netze für Ihre Arbeit benutzen können. Sie werden sehen, wie man zu Informationen kommt, wie man seine Marketingstrategie plant und wie Sie Ihre Public Relation gestalten sollten.

Online Recherchen

Suchmaschinen

So umfangreich das Informationsangebot des Internets auch sein mag, so schwierig ist das Problem aus diesem Angebot das richtige herauszufinden. Sie können sich das am besten vorstellen, wenn Sie das Internet als ein riesiges Puzzlespiel mit vielen Millionen Teilen ansehen. Jedes Angebot besteht wiederum aus Wörtern, Zahlen, Bildern und Grafiken. Dazu kommen Zehntausende von Datenservern, Newsgroups und Archiven. Eine Suche kommt einem öfters wie die berühmte Suche nach der Nadel im Heuhaufen vor.

Um sich zurechtzufinden bedarf es aber lediglich ein bißchen Übung. Nach einiger Zeit im Internet werden Sie mit den meisten Regeln vertraut sein und gezielter Ihre Informationenauswählen. Trotzdem werden Sie öfters den Wunsch haben, schneller an die gesuchte Information herankommen. Hier helfen Ihnen die Suchmaschinen weiter.

Traditionell unterscheidet man zwei sehr verschiedene Arten von automatischen Suchhilfe: Kataloge und Suchmaschinen (oft als „Search Engines" bezeichnet). Kataloge sind nichts anderes als gigantische Datenbanken, in denen Sie nach Herzenslust stöbern können. Allerdings müssen Sie hier auch mit allen Problemen rechnen, die eine klassische Datenbanksuche mit sich bringt.

Komfortabler sind die Suchmaschinen. Mit Hilfe dieser Systeme können Sie Ihre Suchaufträge gezielt eingrenzen. Sogenannte Mega-Search-Engines leiten Ihre Suchaufträge gleich an mehrere Suchserver weiter, sortieren Doppelnennungen heraus und ordnen Sie nach inhaltlicher Priorität.

Im folgenden finden Sie die gängigsten Suchmaschinen im Überblick:

Alta Vista	
URL:	http://www.altavista.digital.com
Charakteristika:	International
	Schnellster und größter Suchserver der Firma Digital Equipment im Internet
Umfang:	◆ Mehr als 25 Millionen Webseiten
	◆ Mehr als 16.000 Newsgroups
	◆ Indexerstellung mit 2,5 Gigabyte pro Stunde

finden.de	
URL:	http://www.finden.de
Charakteristika:	Deutschsprachig
	Eine Mischung aus kommentierendem Web-Katalog und Suchmaschine.
Umfang:	◆ Die Datenbank umfaßt mehr als 30.000 Einträge
	◆ Gliederung nach 40 Schwerpunkten

LYCOS	
URL:	http://www.lycos.de
Charakteristika:	Deutschsprachig (seit Oktober 96)
	Lycos wurde an der New Yorker Carnegie Mellon University entwickelt. Der Name leitet sich übrigens von einer Spinnenart ab, die besonders fleißig Netze baut. Bei Lycos bekommt der Sucher zusätzlich eine kurze Beschreibung, die etwas über den Inhalt aussagen
Umfang:	◆ Umfangreiche Suchmaschine
	◆ Gliederung nach Schwerpunkten
	◆ Kurze Beschreibungen (abstracts)

WEB.DE	
URL:	http://www.web.de
Charakteristika:	Deutschsprachig
	Erster Katalog mit ausschließlich deutschen Webseiten. Hilfreich, wenn man mit den überwiegend in englischer Sprache gehaltenen Server nicht zurecht kommt oder man speziell deutsche Anbieter sucht
Umfang:	◆ Verzeichnis deutscher Webseiten
	◆ Gliederung nach Schwerpunkten

Yahoo!	
URL:	http://yahoo.com
Charakteristika:	Deutschsprachig (seit März 97)
	Yahoo ist keine Suchmaschine im strengen Sinn, sondern ein Katalog ausgesuchter und kritisch bewerteter Webseiten. In Sachen Aktualität, Umfang und Übersichtlichkeit unübertroffen
Umfang:	◆ Katalog
	◆ Gliederung nach Rubriken
	◆ Aktuellste Informationen unter Rubrik „whats's new“

Allerdings sollten Sie in jedem Fall bei einer solchen Suche sehr gezielt an Ihre Abfrage herangehen. Andernfalls erhalten Sie nämlich zu viele Treffer und werden geradezu mit „Datenmüll“ überschwemmt. Um das zu vermeiden sollten Sie wie folgt vorgehen:

Sieben Schritte für eine erfolgreiche Datenrecherche

Obwohl die Suchmaschinen und Suchserver zum Teil sehr komfortable Suchalgorithmen zu lassen, gibt es ein paar Tricks, wie Sie schnell ans Ziel kommen:

- **Schritt 1**: Sagen Sie was sie wollen!

  Unklare Begriffe verwirren auch die beste Suchmaschine. Geben Sie am besten mehrere verwandte Begriffe an, um die Trefferquote zu erhöhen.

- **Schritt 2:** Vermeiden sie Allerweltsbegriffe

  Sogenannte generische Begriffe erzeugen viele „Treffer", bringen aber keinen Erfolg. Sie sollten z.B. „Buchhandlung" statt „Buch" angeben. Je mehr Sie den Begriff eingrenzen, um so besser.

- **Schritt 3:** Probieren Sie mehrere Schreibweisen

  Wenn Sie z.B. mit „Telearbeit" keinen rechten Erfolg erzielen, dann geben Sie auch einmal die englischen Gegenstücke ein. Wenn Sie nach Informationen zur Telearbeit suchen, versuchen Sie es auch einmal mit „telework".

- **Schritt 4:** Benutzen Sie die Einzahl

  Die meisten Suchmaschinen sind nur auf singuläre Angaben ausgelegt. Suchen Sie z.B. Informationen zu Disketten, dann geben Sie nur „Diskette" ein.

- **Schritt 5:** Verwenden Sie Jokerzeichen

  Mit Hilfe der sogenannten „Joker" oder „Wildcards" können Sie die Suche erheblich verkürzen und vereinfachen. Wenn Sie z.B. „Tele*" eingeben, dann werden alle Begriffe, die mit „Tele-" beginnen angezeigt. Also z.B. Telefon, Telearbeit, usw.

- **Schritt 6:** Benutzen Sie die logische Verknüpfungen

  Die meisten Suchmaschinen verwenden verknüpften Abfragen. Grenzen Sie Ihren Suchbegriff damit ein. Da die Datenbanken in der Regel international aufgebaut sind, verwenden sie die englischen Bezeichnungen, als „and", „but" bzw. „or".

- **Schritt 7:** Bleiben Sie hartnäckig

  Sollten Sie mit Ihrer Suche nicht recht weiter kommen, dann geben Sie nicht auf. Versuchen Sie es vielmehr bei einer anderen Suchmaschine. Die einzelnen Maschinen sind nämlich unterschiedlich strukturiert und oft erzielt man mit der gleichen Abfrage erstaunliche Ergebnisse.

Marketingstrategien

Als Telearbeiter sollten Sie das Internet in Ihre Marketingstrategie einbeziehen. Dazu bieten sich folgende Möglichkeiten an:

Werbung im Internet

Nutzen Sie die umfangreichen Möglichkeiten des WWW für Ihre Werbung. Das WWW brachte den Durchbruch in der Internetdarstellung, da es eine Abkehr von der zeichenorientierten Darstellung ermöglichte. Unter dem einheitlichen HTML-Standard ist es nun möglich, Text-, Bild-, Ton- und sogar Videoelemente für Ihre Präsentation zu verbinden. Gerade in der Vermarktungsphase Ihrer Dienstleistungen oder Produkte geht ein großer Teil des Budgets in den Druck von Prospekten, Informationsmaterialien oder Anzeigen. Mit den schnellen Änderungs- und den unübertroffenen Darstellungsmöglichkeiten auf dem WWW kann jedoch kein Druckhaus konkurieren. Dabei brauchen Sie auch nicht auf die beliebte Couponwerbung zu verzichten. Diese wird in der Regel geschaltet, um den potentiellen Interessenten noch stärker zu binden und vor allem um zu sehen, ob man seinen Kundenkreis erreicht. Der Onlinecoupon bietet Ihnen alle Vorteile seines gedruckten Pedanten. Ankreuzbare Felder und Platz für die Eingabe von Adreßdateien sind ebenso realisierbar wie die Möglichkeit Ihres Kunden Ihnen ein paar Zeilen zu schreiben. Die Nutzer benötigen keine Schere, kein Klebstoff und keine Postkarte und auch der Gang zum Briefkasten entfällt. Einfach per Mausklick sind in kürzester Zeit Umfragen und Bestellungen durchgeführt.

Voraussetzungen

Damit Sie sich im WWW darstellen können, müssen Sie regelmäßig im Internet präsent sein. Dies können Sie auf zweierlei Weise erreichen: Entweder Sie mieten sich von Ihrem Internet-Provider eine eigene Standleitung für ihren eigenen Webserver oder Sie mieten auf seinem Server einen Platz an.

Für kleinere Unternehmen dürfte sich die zweite Variante anbieten. Achten Sie allerdings auf die Bedingungen der einzelnen Anbieter. Sie sollten sich aufmerksam die Leistungen und Geschäftsbedingungen der unterschiedlichen Anbieter durchlesen. Wie überall stellt sich nämlich manches gute Angebot im Nachhinein als ziemlich überteuert heraus. Einige Anbieter treten nämlich als Volumenanbieter auf. Das bedeutet, daß Sie entsprechend der Abgriffe Ihrer WWW den Obolus bezahlen müssen. Hier folgt spätestens mit der ersten Abrechnung das böse Erwachen. Sie sollten daher auf eine Fixsumme achten. Zwar ist eine solche in den ersten Monaten meist teurer als eine Volumenlösung, aber Sie sparen erfahrungsgemäß, wenn in ein paar Monaten der Bekanntheitsgrad Ihrer Seite gewachsen ist und sie entsprechenden Zugriff haben.

Das Anmieten eines Festplattenplatzes hat aber noch einen weiteren Vorteil. Sie benötigen keine Kenntnisse für die Einrichtung eines eigenen Servers und Sie werden nicht mit den Kosten für die Standleitung belastet.

So kommen Ihre Seiten auf den Server

Ihre eigene Seiten können Sie dagegen relativ problemlos auf den Server des Providers kopieren. Dies geschieht mittels FTP (File Transfer Protocol) indem Sie Ihre HTML-Seiten auf Ihren Serverbereich laden. Ab diesen Zeitpunkt sind Sie und Ihr Unternehmen weltweit zu erreichen.

Ein weitere Vorteil ist, daß Sie auch Kontrolle über die Akzeptanz Ihrer Werbung erhalten. Mittels einer Protokolldatei, die vom Webserver mitgeliefert wird, erhalten Sie konkrete Auskünfte darüber, welche Rechner auf Ihr Angebot zurückgegriffen haben und wie oft welche Ihrer Seiten aufgerufen wurde. So erhalten Sie ständig eine Rückmeldung über Ihre Angebote und können auf Schwankungen schnell reagieren und die nötigen Korrekturen vornehmen.

Bedienen Sie sich eines Dienstleisters

Sie müssen kein Technikexperte sein, um im Internet präsent zu sein. Ihnen stehen nämlich zahlreiche Dienstleister für die Einrichtung Ihres Internetangebots zur Verfügung. Diese übernehmen z.B. die komplette Gestaltung der HTML-Seiten und falls Sie es wünschen auch deren Vermarktung. Besonders interessant ist es dabei, auf einen schon bekannten Platz im Internet zurück zu greifen. Hier handelt es sich um Seiten, die bekanntermaßen oft aufgerufen werden. Es besteht dann die Möglichkeit auf diesem attraktiven Platz, ähnlich wie in einer belebten Einkaufspassage, einen Platz für Werbezwecke anzumieten.

Steigern Sie Ihre Bekanntheitsgrad

Wenn Sie über eigene Webseiten im Internet verfügen, möchten Sie sicherlich daß möglichst viele Ihre Informationen und Angebote lesen. Dafür müssen Sie natürlich deren Bekanntheitsgrad steigern.

Der Hauptunterschied zwischen Werbung im Web und Werbung in den traditionellen Medien Hörfunk und Fernsehen sowie in den Druckmedien besteht darin, daß Sie bei diesen traditionellen Medien ein Programm, eine bestimmte Zeit oder einen Anzeigenplatz für Ihre Werbung wählen, und der Anwender des Mediums sieht oder hört sie dort. Im Internet sind die Rollen vertauscht. Hier müssen die Anwender Ihre Webseite suchen, indem Sie die Adresse in einem Browser eingeben oder in einer anderen Seite auf einen Hyperlink klicken. Daraus ergibt sich, daß Sie eine andere Strategie fahren müssen. Sie sollten deshalb Ihre Seite an so vielen Stellen wie möglich registrieren lassen, damit die Anwender sie finden.

Neben den üblichen Methoden wie Anzeigen in Lokalzeitungen, Fachzeitschriften, Handelsblätter oder Funkwerbung, stehen Ihnen als kostenlose Multiplikatoren und Werbeträger auch die sogenannten Suchmaschinen zur Verfügung. Hier sollten Sie Ihre Seiten eintragen, damit Sie für jemanden, der Sie oder entsprechende Informationen sucht, auch gleich auffindbar sind.

Diese Suchmaschinen schießen in letzter Zeit wie Pilze aus dem Boden (Eine Übersicht finden Sie auf den Seiten ff.). Doch Sie brauchen sich nicht mehr bei allen einzeln anzumelden. Mittlerweile gibt es nämlich schon Dienstleister – und das sogar zur Zeit noch kostenlos – die das für Sie übernehmen. So übernimmt z.B. die deutsche Suchmaschine „finden.de“ (URL: http://www.finden.de) Ihre Anmeldung bei gegenwärtig 17 anderen Suchmaschinen. Beim internationalen Suchserver Shuttlemedia (URL: http://www.shuttlemedia) erfolgt die automatische Anmeldung gar bei 20 anderen Suchmaschinen!

Präsentation Ihres Angebots

Nutzen Sie die Möglichkeiten, die Ihnen das Internet bietet. Allerdings gilt auch hier wie „im wirklichen Leben“ Nur eine gut gemachte Werbung fällt auf und bringt Erfolg.

Bei der Erstellung eines Angebots im Internet sollten Sie folgendes beachten:

- **Schritt 1:** Planung ist alles

  Vorab sollten Sie Ihr Angebot strukturieren. Welche Informationen sollen wie abrufbar sein, wie soll der Nutzer durch Ihre Seiten geführt werden und an welches Aussehen haben Sie gedacht. Bedenken Sie dabei vor allem, daß sich Ihre virtuellen Besucher möglichst einfach und intuitiv durch Ihre Seiten bewegen sollten

- **Schritt 2:** Erfassen der Daten

  Zunächst sollten Sie alle Daten, am besten mit einer der üblichen Textverarbeitungen, am Computer erfassen. Eventuelle Bilder sollten eingescannt und mit einem Grafikprogramm bearbeitet werden.

- **Schritt 3:** Programmierung der Skripten

  Beachten Sie, daß zahlreiche Funktionen, wie etwa ein Onlinecoupon oder Formular, über ein Skript abgearbeitet werden. So spielen CGI-Skripte (Common Gateway Interface) bei Formularen eine große Rollen: Sie verarbeiten die Daten, die in einem Formular eingegeben wurden. Diese Skripte werden meist in der Programmiersprache Perl oder C geschrieben.

- **Schritt 4:** Onlineschalten des Angebots

  Die Daten müssen auf den Webserver kopiert werden. Wenn Sie über einen angemieteten Platz verfügen, geschieht das recht einfach indem Sie Ihre Daten per Filetransfer (FTP) auf den Rechner Ihres Providers kopieren.

- **Schritt 5:** Eintragen in den gängigen Suchmaschinen

  Schließlich sollten Sie nicht vergessen Ihr Angebot auch im Internet bekannt zu machen. Dazu sollten Sie sich in die Suchmaschinen eintragen und so dort Ihre URL hinterlassen. Denken Sie daran, daß Sie auch Werbebuttons auf viel besuchten Seiten im Internet anmieten können.

Werbung per e-Mail

Eine Werbeaktion per Brief kostet derzeit innerhalb Deutschlands 70 Pfennig pro Brief, wenn Sie den Versand nicht auf eine bestimmte Postleitzahlenregion beschränken. Lassen Sie sich auf den oft umständlichen Weg der Infopost ein, kommen Sie auf 45 Pfennig pro Brief.

Allerdings muß dessen Inhalt immer gleich sein und er kann auch noch von der Post geprüft und geöffnet werden. Per e-Mail sieht die Kostenrechnung erheblich anders aus.

Vorteile und Nachteile der e-Mail-Werbung

Bei den sogenannten Mailings sprechen Werbefachleute von einer Erfolgsquote von zwei bis drei Prozent. Wieviel Briefe dabei in die „genormte Rundablage" wandern, ist erschreckend. Dabei gilt das Angebot der Infopost nicht einmal für das Ausland und schon gar nicht für Post über den Atlantik.

Die niedrige Trefferquote bei herkömmlichen Mailingaktionen liegt nicht zuletzt an der nicht gut abgestimmten Zielgruppe. Mittels eMail erreichen Sie per Knopfdruck anstelle der paar Tausend Briefadressen Zehntausende von Anwendern in der ganzen Welt. Onlinedienst und Internet kennen keine Grenzen und keine Versandzeiten. Ihre Meldung ist binnen weniger Sekunden beim Empfänger.

Die meisten Geschäftsideen basieren auf dem Prinzip des Mailordervertriebs. Das Verkaufskonzept ist nicht nur den großen Unternehmen vorbehalten, sondern findet gerade bei kleineren Firmen zunehmend Anklang.

Die Vorteile der e-Mail liegen dabei auch auf der Hand. Es entstehen viel geringere Investitionskosten als bei der Papierpost. Teuere Ausdrucke fallen nicht an. Lediglich Ihr Geschick bei der Formulierung eines gut gestalteten Werbebriefes ist gefragt. Nicht zu vergessen sind die ungeheuren Geschwindigkeitsvorteile. Um z.B. 1000 Leute per Briefpost anzuschreiben, bezahlen Sie – bei normaler Benutzung der Infopost – im Regelfall 700 Mark Briefporto. Für die gleiche Aktion per e-Mail bezahlen Sie 12 Pfennig Ortsgebühr für den Login bei Ihrem Internetprovider. Aber selbst wenn man die monatliche Gebühr – die bekanntermaßen zur Zeit ebenfalls immer billiger wird – hinzurechnet, liegt man immer noch ein ganzes Stück unter den herkömmlichen Kosten.

Ein weiteres Hindernis bei einer herkömmlichen Mailingaktion ist das Problem der mangelnden Antwortbereitschaft Ihrer Kunden. Selbst wenn Sie ihnen entgegenkommen und etwa eine fertige Faxantwort, einen Freiumschlag oder gar eine 130er-Telefonnummer hinzufügen, ist die Rückfrequenz nicht sehr hoch, weil es für den Beworbenen letztendlich doch zu viel Arbeit bedeutet. Anders jedoch, wenn Sie alle Möglichkeiten des e-Mail-Versands ausnutzen. Durch simples Anklicken der

„Reply",-Funktion, also eine Bestätigungsschaltfläche, kann er ihnen einfach und schnell antworten.

Ein nicht zu unterschätzender Vorteil ist weiterhin, daß Sie die Möglichkeiten haben sich an Millionen von Nutzern zu richten, ohne dabei an Landesgrenzen zu stoßen. Dies führt zu einem weiteren Vorteil. Bei Papiermailings sprechen Marketingexperten von einer realistischen Erfolgsquote von ein bis drei Prozent. Fünf Prozent gelten schon als sehr gut. Bei 1000 Adressen kann man somit nur mit zehn bis max. 50 Antworten rechnen. Mit eMail können Sie dagegen einen wesentliche größeren Kreis abdecken. So erreichen Sie z.B. bei einer Mailingaktion an 50000 Nutzer – obige Prognose vorausgesetzt – ca. 500 bis 2500 Anwender.

Mailinglisten

Vielleicht werden Sie jetzt einwenden, daß Sie erst einmal an dieses Adressenpotential kommen müssen. Das ist ebenso richtig, wie auch einfach. Im Internet gib es Tausende elektronischer Mailinglisten und die allen Nutzern der Welt zur Verfügung stehen. Jede dieser Listen enthält ein bestimmtes Thema und sind somit bereits vorsortiert. Entsprechend dieser Einteilung finden Sie Ihre genaue Zielgruppe. Die Funktionsweise ist ähnlich einer Newsgroup, nur wird jede Meldung über diese Verteilerliste an jeden in der Liste eingetragenen Nutzer versendet. Diese Listen verfügen zumeist über ein Nutzerpotential von mehreren tausend Anwendern. Um nun diese Mailinglisten zu finden, existieren im Internet die sogenannten List of Lists, eine übergeordnete Sammelliste. Bevor Sie Ihre Mailingaktion starten, sollten Sie sich einmal mit diesen Listen beschäftigen und sich dann in den entsprechenden eintragen. Diese Eintragung geht recht einfach vor sich. Sie brauchen lediglich eine eMail mit dem Befehl *Subscribe* an den Maillistencomputer zu schicken. Damit sind Sie aufgenommen. Meist erhalten Sie nach einer kurzen Weile die Rückantwort des Maillinglistencomputes, der ihre Aufnahme bestätigt.

Eigene Meldungen

Darüber hinaus bieten einige dieser Listen die Möglichkeit, daß jedes Mitglied der Liste das Recht hat, Meldungen zu versenden. Allerdings sollten Sie hierbei achten, daß der Versand von Werbung im Regelfall nicht erlaubt ist. Informieren Sie sich also vorher, ob der Versand zulässig ist. Im weniger schlimmsten Fall müssen Sie sonst damit rechnen mit bösen e-Mails überschwemmt zu werden.

Carbon copy (CC)

Wenn Sie Ihre Mailings an einer selbst zusammengestellten Empfängerliste versenden wollen, so bietet Ihnen mittlerweile jedes e-Mail-Programm die Funktion des Carbon Copy. Hierbei handelt es sich um eine Funktion, mit der eine e-Mail als „Durchschlag" an alle unter CC aufgelistete User versendet. Achten Sie aber darauf die Funktion des „Blind Copy" einzuschalten. Das Carbon Copy verfügt nämlich über die Eigenschaft, alle ausgewählten Nutzer in einer vorangestellten Liste auch für den Empfänger sichtbar zu machen. Mit der Blind Copy-Funktion können Sie das umgehen.

Eigene Mailingliste

Ihre eigene Mailingliste können sie sich recht schnell und einfach zusammenstellen. Zum einen können Sie auf bereits gewonnene Adressen zurückgreifen und zum anderen erfahren Sie durch Ihre potentiellen Kunden aus den Newsgroups bei jeder e-Mail-Meldung deren Adresse. Diese Adressen sollten Sie sich entweder schriftlich notieren oder in eines der elektronischen Adreßbücher aufnehmen. Letztere verfügen über eine Funktion der automatischen Übernahme, so daß ihnen das manchmal recht umständliche Abschreiben der Adressen erspart bleibt.

Verhaltene Werbung in Newsgroups

Fast zu jedem Thema gibt es im Internet eine Newsgroup. Dabei handelt es sich um ein schwarzes Brett, an dem Meldungen ausgetauscht und diskutiert werden können. Auf eines sollten Sie in jedem Fall achten, damit Sie nicht von unliebsamen Reaktionen überrascht werden. Die Werbung innerhalb solcher Newsgroups ist sehr stark umstritten. Auch hier sollte man sich vorher erkundigen und auch nur verhalten anwenden. Man sollte sich immer vor Augen halten, daß eine penetrante Werbung in eigener Sache oft zum Gegenteil führt. Einige Newsgroups erlauben durchaus das „Setzen" von Meldungen zu Ihrem Unternehmen und Produkten. Fordern Sie deshalb zunächst deren Profile an.

Signatur

Wenn denn alles nichts hilft, gibt es trotzdem noch einen kleinen, aber legalen, Trick, mit der Sie in einer Newsgroup, die Werbung untersagt, trotzdem indirekt eine Werbung „schalten" können. Dazu benutzen Sie einfach die Signatur am Ende Ihrer Newsgroupmeldung. Als Textanhang bietet sich hier die Gelegenheit Ihre Adresse und unter Umständen ein günstiges Angebot zu plazieren. Interessenten können so im Bedarfsfalle mit Ihnen direkt Kontakt aufnehmen, ohne daß die Newsgroup mit einer Werbebotschaft „verstopft" wird.

Public Relation

Der Öffentlichkeitsarbeit kommt in einer Zeit des weltweiten Pluralismus und raschen Wandels in Technik und Wertvorstellung eine eminent integrierende Aufgabe in Wirtschaft und Gesellschaft zu. Es ist jedoch schwieriger, Menschen zu überzeugen, die einerseits einer wahren Informationsflut ausgesetzt und anderseits kritischer geworden sind.

Öffentlichkeitsarbeit solle deshalb für den Telearbeiter kein Buch mit sieben Siegel sein. Und eines sollte jeder Teleworker unbedingt beachten: Seine Präsenz im Internet.

Notwendigkeit einer Öffentlichkeitsarbeit

Die Notwendigkeit einer Öffentlichkeitsarbeit erschließt sich oft nicht im ersten Augenblick. Vielmehr sind es die vielen kleinen Anteile, die letztendlich zum Gesamtwerk beitragen. Sie sollten immer daran denken, daß Sie als Unternehmer Ihre „Botschaft" so gut wie möglich vermitteln sollten. Insbesondere sollten Sie darauf bedacht sein, eine seriöse, sachliche und auf Tatsachen aufbauende Information zu vermitteln. Auf der einen Seite müssen Erfolge richtig verkauft, auf der anderen Seite dürfen aber Schwierigkeiten nicht verschweigen werden.

Planen Sie auch einmal eine Überraschung oder ein besondere Veranstaltung ein. So bringen Sie sich ins Gespräch. Und wenn Sie richtig vorgehen, wird man noch lange darüber sprechen. Sie brauchen übrigens nicht gleich den Ratschlag handfester Profis, etwa von Journalisten oder Grafiker, einzuholen. Lassen Sie vielmehr einmal Ihre eigene Kreativität freien Lauf, denn Sie kennen Ihr Unternehmen und die Wünsche Ihrer Kunden am besten.

Die eigene Homepage

Ein probates Mittel der eigenen Öffentlichkeitsarbeit ist die eigene Homepage. Viele schrecken jedoch vor den Entwicklung ihrer eigenen

Homepage zurück. Man hat so einiges gehört von HTML und von Bildverarbeitung versteht man eigentlich auch nichts. Doch wenn man nicht auf einen professionellen Internet-Designer ausweichen will oder kann, sollte man sich trotzdem einmal mit der Kunst der Erstellung von Internetseiten näher beschäftigen. Es ist nämlich gar nicht so schwierig sich der Weltöffentlichkeit per WWW-Seite zu präsentieren. Am schnellsten geht es übrigens, wenn Sie einen der vielen Editoren zur Hilfe nehmen.

Allerdings sollten Sie ein paar Dinge beachten. Eine Internetseite ist wie eine Visitenkarte. Sie gibt über die Person, die dahinter steht Auskunft. Und wir alle möchten uns so gut wie möglich präsentieren.

Um schnellstmöglich ein effektives Ergebnis zu erhalten, sollten Sie sich an nachfolgenden Aufbau halten:

Schritt 1: *Skizzieren Ihrer Gedanken*

Zunächst lassen Sie den Computer einmal ausgeschaltet. Sie brauchen lediglich ein bißchen Papier und den guten alten Bleistift. Damit skizzieren Sie Ihre künftige Bildschirmseite. Lassen Sie zunächst Ihrer Phantasie freien Lauf. Nun müssen Sie diese noch mit den Regeln des Internet in Einklang bringen. Dazu sollten Sie folgende Grundregeln beachten:

- Verwenden Sie nicht zuviel Text. Niemand will im Internet zuviel lesen. Gliedern Sie größere Textabschnitte. Verwenden Sie möglichst viele Zwischenüberschriften. Lockern sie Ihren Text mit Tabellen und Aufzählung auf.
- Eine gute Internet-Seite enthält natürlich auch Grafiken und Bilder. Bedenken Sie aber, daß jedes Bild die Ladezeit verlängert. Verärgern Sie Ihre Leser nicht durch zu große Bilder. Benutzen Sie Illustrationen mehrmals auf einer Seite, diese muß der Browser nicht immer nachladen.
- Lockern Sie Ihren Text durch Zusatzinformationen auf. Verwenden Sie dazu möglichst Links zu interessanten anderen Seiten. Ideal sind auch Links mit Erklärungen: Wenn Sie diese anklicken, wird eine weitere Seite aufgebaut, die ausführlicher auf ein bestimmtes Thema eingeht.
- Wie im „richtigen" Leben, so gilt auch im Internet. Der erste Eindruck ist oft entscheidend. Das gilt auch für Ihre Internetseite. Wenn ein Kunde Ihre Adresse angewählt hat, bekommt er zunächst nur den

oberen Bereich Ihrer WWW-Seite zu sehen. Dieser Bereich ist somit das Aushängeschild und sollte deshalb besonders attraktiv und interessant gestaltet sein. Achten Sie darauf dem Leser neugierig auf das zu machen, was folgt.

- Denken Sie auch daran: Ihr Kunde/Leser hat ein Recht etwas geboten zu bekommen. Er bezahlt schließlich Telefon- und Providergebühren, um Ihr Angebot zu lesen. Überlegen Sie also gut, was Sie anbieten. Wenn die Seiten nur mit uninteressanten Material gefüllt sind, wir man wohl kein zweites Mal Ihre Seiten anwählen und sicherlich keinem Bekannten begeistert davon erzählen.

Schritt 2: *Vorbereitungsarbeiten*

Zunächst sollten Sie sich ein Verzeichnis bzw. Ordner mit dem Namen der Webseite anlegen. In dieses werden alle Text-, Bild- und sonstigen Dateien abgespeichert. Gerade bei größeren Projekten hat sich jedoch als praktisch erwiesen noch weitere Gliederungen vorzunehmen. Empfehlenswert ist auf jeden Fall eine Unterverzeichnis (bzw. Unterordner) für die Bilder anzulegen.

Schritt 3: *Besorgen Sie sich die erforderlichen Softwareprogramme*

- Editor
  Als erstes benötigen Sie einen Editor für die Gestaltung der Webseiten. Diese Programme können Sie sich zum Teil kostenlos oder als Sharewareprogramme besorgen. Aus dem mittlerweile sehr zahlreichen Angebot sei ohne Anspruch auf Vollständigkeit hier nur folgende genannt:

WWW-Editoren

Name:	Funktionsumfang	Internet-Adresse
HOTDOG	Editor mit Upload Funktion	http://www.sausage.com/
HotMetalPro	Professionelles Programm, die alten Versionen sind kostenlos	http://www.sy.com/index.html
Netscape Navigator Gold	Der bekannte Browser verfügt auch über einen Editor mit dem sich recht einfach Seiten gestalten lassen.	http://www.netscape.com
Internet-Assistant für Word	Wenn Sie mit der Textverarbeitung Winword arbeiten, sollten Sie sich dieses kostenlose Konvertierungsmodul besorgen.	http://www.microsoft.de

Diese Programme gehen zum Teil unterschiedlich an die Problemlösung heran. Sie sollten deshalb zunächst ein paar ausprobieren und sich dann für das entscheiden, mit dem Sie am besten zurecht gekommen sind. Darüber hinaus verfügen mittlerweile die meisten Office-Paktete der neuesten Generation über die Möglichkeit relativ einfach Internetseiten zu erstellen.

- Hilfsprogramme
  Desweiteren benötigen Sie noch ein paar Utilities, also Hilfsmittel. Unter anderem sollten Sie sich ein Programm zur Bildbearbeitung besorgen. Auch hier nur eine kleine Auswahl aus dem zahlreichen Angeboten im Share- und Freewaremarkt:

Utilities		
Name	**Funktionsumfang**	**Internet-Adresse**
Paint Shop Pro	Das wohl bekannteste und komfortabelste Sharewareprogramm. Trotz seines Funktionsumfangs auch für Anfänger geeignet.	http://www.jasc.com/pspdl.html
Hintergrundgrafiken	Hier finden sie eine große Auswahl an Hintergrundgrafiken, die Ihre Seite aufwerten	http://www.ECNet.Net/users/gas52r0/Jay/backgrounds/back.html
Icons, Cliparts, Trennlinien	Reiche Auswahl an grafischen Gestaltungsmitteln	http.//www.aol.com/images/public
Java-Applets	Sie müssen kein Java-Programmierer sein, um mit einigen netten Java-Applets Ihre Seite zu animieren.	http://www.sfu.edu/~jtolson
Zähler	Mit einem Zähler können Sie feststellen, wieviel Leser Ihre Seiten besucht haben.	http://www.digits.com/map.html

- Transferprogramm
  Und schließlich benötigen Sie ein Programm, das Ihre fertigen Seiten auf den Rechner Ihres Providers überträgt. Hier sollten Sie sich von Ihrem Provider beraten lassen.

Schritt 4: *Scannen Sie benötigten Grafiken ein*

Bilder und Grafiken, die Sie in Ihre Seiten einbinden wollen, müssen in digitaler Form vorliegen. Sollten Sie über keinen eigenen Scanner verfügen, fragen Sie in einem Copy-Shop, bei Ihrem Provider oder bei einem Onlinedienst nach, ob man Ihnen dabei behilflich ist. Eine große Auswahl an Grafiken, Bildern und Vorlagen finden Sie aber auch im Internet. Achten Sie aber in diesem Zusammenhang auf eventuell bestehende Urheberrechte an den Bildern. Gerade bei manchen Bildersammlungen im Netz ist Vorsicht geboten.

Grafiken für den Hintergrund kopiert man sich am besten aus einer der Onlinebibliotheken. Achten Sie aber darauf, daß diese nicht zu groß sind, da sie sonst die Ladegeschwindigkeit erheblich hemmen können. Desweiteren sollten Sie darauf achten, daß sie zu einander passen. Die Browser, die Ihre Homepage lesen, plazieren das Bild im Hintergrund mehrfach neben- und untereinander. Die Ränder sollten deshalb ineinander übergehen, sonst erhalten Sie ein Effekt wie bei einer schlecht tapezierten Wand, bei der nicht auf den Rapport geachtet wurde.

Schritt 5: *Programmieren der Seite*

Jetzt kommt der vermeintlich schwierigste Teil der Aufgabenstellung: Die Gestaltung der Seiten in der Seitenbeschreibungssprache HTML. Sie brauchen aber kein Profi im Programmieren sein. Als Anfänger sollten Sie sich zunächst einmal ein paar Seiten aus dem Internet downloaden und deren Quelltext anschauen. Die Befehle sind bei fast allen Browsern gleich und lauten: „Sichern als Quelltext“ oder „Save as Source“. Wenn Sie Windows 95 benutzen genügt sogar ein Klick mit der rechten Maustaste auf das gewünschte Objekt. Die Dateien können Sie dann anschließend mit einem Webeditor oder einem Editor Ihres Betriebssystems (z.B. WordPad bei Windows, Simple-Text beim Mac) öffnen. Wenn man erst einmal gesehen hat, wie das ganze funktioniert, fällt einem der Aufbau der eigenen Seite um so leichter. Achten Sie hier aber ebenfalls auf das Urheberrecht der anderen (lesen Sie dazu auch die Hinweise im Kapitel „Rechtliche Aspekte“). Um sicher zu gehen, sollten Sie vorher um Genehmigung fragen. Das gilt um so mehr, als Sie deren Seiten einfach „umstricken“, also im Quelltext z.B. nur Namen und Adressen ändern.

Wesentlich einfacher gestaltet sich die Arbeit mit einem der zahlreichen Webeditoren. Sie sollten einmal einige ausprobieren, um deren Arbeitsweise zu verstehen. Sicherlich werden Sie nach einiger Zeit einen Favoriten haben, mit dem Sie laufend arbeiten werden.

Etwas mehr Mühe macht in der Regel die Bild- und Grafikgestaltung. Sie sollten auf jeden Fall die Grafiken im GIF- und Fotos im JPG-Format abspeichern. Diese Formate garantieren wenig Speicherplatz für viele

Farben. Wenn möglich sollten Sie bei der Grafikverarbeitung die Option „interlaced" verwenden. Dadurch kann der WWW-Browser die Grafik „schichtweise" auf den Bildschirm aufbauen. Dem Betrachter wird so schon während des Bildaufbaus ein grober Eindruck vermittelt. Bei der Gestaltung sollten Sie Fotos oder Grafiken mehrmals für eine Seite verwenden. Dies ergibt zum einen interessante Effekte und zum anderen muß der Browser sie nur einmal laden.

Schritt 6: *Austesten der Webseiten*

Eines sollten Sie von Anfang an beherzigen: Das regelmäßige Austesten auf mehreren Browsern. Leider stellen die verschiedenen Browser die Seiten unterschiedlich dar. Was bei dem einen Anbieter wunderbar aussieht, verkehrt sich bei dem anderen ins Gegenteil. Sie sollten deshalb Ihre Seiten in mindestens zwei Browsern anschauen, bevor Sie sie weiterreichen.

Schritt 7: *Aufladen Ihre Seiten beim Provider*

Haben Sie alle Seiten beisammen und ausgetestet, so müssen diese auf den Server des Providers uploaded, so der Fachbegriff, werden. Meist geschieht das mittels eines speziellen Programms über das File Tranfer Protocol (FTP). Der wohl bekannteste Vertreter ist WS_FTP für Windows. Sie sollten sich allerdings bei Ihrem Provider erkundigen, wie er den Uploadvorgang handhabt.

Schritt 8: *Bekanntmachen (Hallo-Welt-Effekt)*

Wenn dann alle Daten übertragen sind, können Sie gleich Ihre Werke im Internet begutachten und – hoffentlich – bald die ersten Kundenwünsche entgegennehmen.

Allerdings müssen Ihre potentiellen Kunden erst einmal von Ihrem neuen Angebot erfahren. Deshalb müssen Sie Ihre Seiten im Internet. Während Sie im Normalfall eine Menge Geld an Werbung ausgeben müßten, geschieht das im Internet auf einfache Weise: Suchsysteme übernehmen das für Sie. Allerdings gibt es mittlerweile eine Reihe an Suchsystemen und um Ihre Homepage dort zu plazieren, müßten Sie sich eigentlich dort überall anmelden. Auf jeden Fall sollten Sie sich bei einem deutschen Suchsystemen anmelden: z.B. bei Web.de. Mittlerweile gibt es aber auch die Möglichkeit sich bei speziellen Suchmaschinen einzutragen, die wiederum Ihren Eintrag auf andere Suchmaschinen übertragen.

Damit Sie möglichst schnell gefunden werden, sollten Sie alle wichtigen Namen und Begriffe als Stichwort eintragen. Vermeiden Sie dabei aber Spezialbegriffe. Je öfter ein Schlüsselwort auftaucht, desto höher ist die Wahrscheinlichkeit, daß man entdeckt wird.

Wenn Sie alles erledigt haben, sollten sich bald die ersten Kontakte einstellen. Ruhen Sie sich aber nicht zu lange aus. Eine Webseite sollte in regelmäßigen Abständen erneuert werden. Nur so ist gewährleistet, daß man immer mal bei Ihnen hereinschaut, um zu sehen, was es Neues gibt.

Rechtliche Aspekte

Die Telearbeit berührt eine große Anzahl an Rechtsgebiete. Sie müssen zwar kein Jurist sein, um weltweit operieren zu können. Sie sollten aber für bestimmte Dinge ein Problembewußtsein entwickeln, um so eventuellen Schwierigkeiten zu begegnen. In dem letzten Kapitel dieses Buchs erfahren Sie daher, welche rechtlichen Aspekte Sie bei der Telearbeit zu beachten sollten.

Arbeitsrecht

In ihrem Bericht „Info 2000: Deutschlands Weg in die Informationsgesellschaft" vom Februar 1996 hat die Bundesregierung erkannt, daß der mit der Informationsgesellschaft einhergehende strukturelle Wandel der Arbeitswelt auch das Arbeitsrecht maßgeblich berührend wird. Die neuen Informationstechniken bieten die Möglichkeit, daß sich neue Betriebs- und Unternehmensstrukturen herausbilden und die Arbeitsbedingungen sich verändern werden. Während lange Zeit die Arbeit mehr oder minder auf große Büros oder Fabriken konzentriert war, wird in Zukunft auch direkt beim Kunden, zu Hause oder unterwegs gearbeitet werden. Diese Verlagerung des Arbeitsortes, sei es in die Privatwohnung des Arbeitnehmers, in ein Satellitenbüro oder einem Telezentrum, erfordert in erster Linie mehr eine größere Flexibilität der Arbeitsvertragsparteien in räumlicher und – je nach vertraglicher Gestaltung – auch in zeitlicher Hinsicht.

Weniger einschneidend sind die Veränderungen in der arbeitsrechtlichen Ausgestaltung der Telearbeit, auch wenn das auf den ersten Blick anders erscheinen mag. Die mit der Telearbeit zusammenhängenden Probleme lassen sich in erster Linie auf den jeweiligen rechtlichen Status des Telearbeiters anzuknüpfen. Dieser hängt wiederum davon ab, ob der Telearbeiter als Selbständiger, als abhängig Beschäftigter (Angestellter) oder arbeitnehmerähnliche Person (Heimarbeiter) tätig ist. Mangels einer speziellen gesetzlichen Regelung für die Abgrenzung sind die Differenzierungen hier jedoch lediglich nach den allgemeinen Rechtsgrundlagen vorzunehmen, zumal eine Stellungnahme der höchstrichterlichen Rechtsprechung bisher noch nicht vorliegt.

Eines dürfte sicher sein: Die weitere Entwicklung der Telearbeit wird das Aussehen unserer Arbeitswelt ein gutes Stück verändern. Gleichwohl wird das nicht zu einer völligen Neuordnung des Rechtssystems führen (müssen), wie vereinzelt befürchtet wird. Vielmehr wird lediglich hier und da eine Anpassung der bisherigen Rechtsformen an die neuen Gegebenheiten nötig sein. Größere Veränderungen sind jedoch nicht erforderlich. Die bisher bekannten Formen der Telearbeit lassen sich ohne größere Probleme in die bisherigen Kategorien einordnen.

Folglich ist lediglich für die Beurteilungen eines Telearbeiters dessen arbeitsrechtlichen Status nach den gängigen Kriterien zu ermitteln, da dieser für die Rechtsbeziehungen des Telearbeiters von entscheidender Bedeutung sind. Die das Arbeitsverhältnis betreffenden Bedingungen insbesondere im Bereich des Kündigungsschutzes, der Kündigungsfristen, des Direktionsrechts des Arbeitgebers aber auch der Haftung unterscheiden sich doch zum Teil sehr deutlich.

Arbeitnehmer

Der Arbeitnehmerbegriff bestimmt sich – mangels andersartiger Kriterien für den spezifischen Bereich der Telearbeit – nach den gängigen Definitionen. Danach ist Arbeitnehmer derjenige, der aufgrund eines privatrechtlichen Vertrages oder eines ihm gleichgestellten Rechtsverhältnisses im Dienste eines anderen zur Arbeit verpflichtet ist. Im Rahmen des maßgeblichen, tatsächlichen Geschäftsinhaltes wird bei der Bestimmung der Arbeitnehmereigenschaft im wesentlichen auf Kriterien wie örtliche und zeitliche sowie fachliche Weisungsgebundenheit, Eingliederung in eine fremde Organisation, fremdbestimmte Arbeit, soziale Schutzbedürftigkeit, die fehlende Übernahme eines Unternehmerrisikos abgestellt.

Für die Bestimmung des rechtlichen Status des jeweiligen Telearbeiters bedeutet das, daß immer auf die konkrete Ausgestaltung des Arbeitsverhältnisses abzustellen ist. So ist für seine Einordnung unter anderem maßgeblich, ob er für einen Arbeitgeber tätig ist oder für mehrere Unternehmen Tätigkeiten ausführt. Zu berücksichtigen ist auch, daß eine maßgebliche persönliche Abhängigkeit des Telearbeiters auch in den eigenen vier Wänden dadurch begründet werden kann, daß die Telearbeiter sogenannte Abrufarbeit leistet. Hierbei handelt es sich um eine Arbeit, die durch arbeitgeberseitiger Vorgaben, kurzer Erledigungszeiten bzw. kurzfristiger Ankündigungsfristen oder durch dauerhaft aufeinanderfolgenden Aufträgen gekennzeichnet ist. Für die Begründung der Arbeitnehmereigenschaft kann darüber hinaus entscheidend sein, daß der Telearbeiter im Onlinebetrieb auf bestimmte Zugriffszeiten hinsichtlich des „Servers" des Arbeitgebers angewiesen ist, er somit in eine fremdbestimmte Organisation integriert ist. Schließlich kann für die arbeitsrechtliche Einordnung des Telearbeiters als Arbeitnehmer zudem auch die arbeitgeberseitige Koordination unselbständige Teilaufgaben, z. B. bei größeren Programmierarbeiten, für eine Eingliederung in den Betrieb des Arbeitgebers sprechen. Soweit der Arbeitgeber im Onlinebetrieb zudem verhaltens- und leistungsbezogene Daten des Telearbeiters elektronisch erfaßt, ist dies ein starkes Indiz für eine persönliche Abhängigkeit und damit für eine Arbeitnehmereigenschaft des Telearbeiters.

Damit ergeben sich für die einzelnen Arbeitsstätten folgende Konsequenzen:

Außerbetriebliche Arbeitsstätte

Telearbeit in einer ausschließlich außerbetrieblichen Arbeitsstätte ist vom Heimarbeitsgesetz umfaßt. Es gelten hier dessen besonderen Vorschriften (siehe dazu den Punkt „Betriebsverfassungsrecht").

Alternierende Betriebsstätte

Für die Telearbeit am alternierenden Arbeitsplatz kann das allerdings nicht ohne weitere Prüfung angenommen werden. Vielmehr müssen auch die weiteren Voraussetzungen einer Arbeitnehmereigenschaft vorliegen.

Bei der alternierenden Telearbeit ist die Situation gegeben, daß der Telearbeiter zum Teil in einem Büro und zum Teil zu Hause arbeitet. Nun können auch typische Angestelltentätigkeiten von dem Geltungsbereich des Heimarbeitsgesetz erfaßt werden, und zwar dann, wenn sich eine besondere Schutzwürdigkeit aus dem Verhältnis des abhängig Dienstverpflichteten zum Dienstberechtigten ergibt. Für die rechtliche Einordnung in solchen Fällen ist – wie etwa bei der Abgrenzung zwischen freier Mitarbeit und Arbeitsverhältnis – der Geschäftsinhalt entscheidend, der sich aus den Vereinbarungen und der praktischen Durchführung ergeben kann. Widersprechen beide einander, ist nach Rechtsprechung des Bundesarbeitsgerichts die praktische Durchführung maßgebend.

Nach gängiger Definition ist ein Arbeitnehmer, wer aufgrund eines privatrechtlichen Vertrages zur Leistung fremdbestimmter Arbeit verpflichtet ist. Diese Anforderung wird um weitere Kriterien für die Arbeitnehmereigenschaft ergänzt. Da ist zum einen die Weisungsgebundenheit hinsichtlich Arbeitszeit, Arbeitsort und der Arbeitsausführung zu nennen. Desweiteren ist der Arbeitnehmer regelmäßig in den Betrieb eingegliedert. Es besteht eine wirtschaftliche Abhängigkeit und soziale Schutzbedürftigkeit.

Bei Telearbeitern, die unter arbeitgeberseitigen Vorgaben innerhalb kurzer Erledigungsfristen Abrufarbeit leisten, kann daher ebenfalls andauernde Dienstbereitschaft vorliegen, die bei gleichzeitiger zeitlicher Gebundenheit zur persönlichen Abhängigkeit des Beschäftigten und damit zur Annahme eines Arbeitsverhältnisses führen muß.

Selbständige

Selbständig ist dagegen, wer seine Tätigkeit frei gestalten und die Arbeitszeit und den Arbeitsort frei wählen kann. Die Abgrenzung ist im Einzelfall oftmals schwierig. Hierbei können und müssen nachfolgende Kriterien herangezogen werden, die für eine selbständige Tätigkeit sprechen:

- Arbeit im wechselnden Umfang für unterschiedliche Auftraggeber,
- freie Vermarktung des Arbeitsergebnisses zu mehr als 10 %,
- Einsatz eigener Werbung und Akquisition,
- Ausnutzung eigner unternehmerischer Chancen,
- Eigenes Unternehmerrisiko,
- Werkunternehmerentgelt, anstelle Arbeitslohn.

Die Unterscheidung zwischen diesen beiden Formen ist nicht ganz einfach und läßt sich nicht generell darlegen. Es sollte deshalb im Zweifelsfall der Rat eines auf Arbeitsrecht spezialisierten Anwalts eingeholt werden. Kennzeichnend für ein Angestelltenverhältnis ist generell die abhängige und weisungsgebundene Tätigkeit, ohne die Übernahme eines unternehmerischen Risikos. Der Arbeitnehmer hat eine Vielzahl von Rechten, auf die er beim Übergang zu einer freiberuflichen Tätigkeit verzichten muß.

Für den freien Mitarbeiter gilt grundsätzlich, daß er für eigene Rechnung arbeitet und das unternehmerische Risiko trägt. Er unterliegt keiner Weisung eines Arbeitgebers. Der Auftraggeber erteilt lediglich einen

Auftrag für Produktion oder eine zu erbringende Dienstleistung. In dem jeweiligen Vertrag wird der exakte Leistungsumfang, die Vergütung und der Ablieferungstermin genauestes beschreiben. Damit endet auch die Möglichkeit einer Einflußnahme. Es besteht keine Weisungsbefugnis und auch keine Möglichkeit dem Unternehmer vorzuschreiben, wann, wie und wo er den Auftrag ausführt. Dies liegt einzig und allein in der Verantwortung des Unternehmers.

Die freie Zeiteinteilung ist sicherlich einer der großen Vorteile, die den Reiz der freien Mitarbeit ausmachen. Andererseits unterliegen freie Mitarbeiter und Selbständige einigen Einschränkungen und sie tragen ein höheres Risiko.

So besteht für den Selbständigen:

- Keine Sozialversicherungspflicht.

  Es besteht weder eine Kranken-, Pflege-, Renten- oder gar Arbeitslosenversicherung. Während für die ersten drei u.a. auch die Möglichkeit einer freiwilligen Versicherung besteht, muß er im letzeren Fall selbst Vorsorge treffen.

- Kein Kündigungsschutz

  Der Selbständige ist für sich und sein Handeln verantwortlich. Er hat dafür zu sorgen, daß immer genügend Aufträge vorhanden sind, denn er trägt das unternehmerische Risiko.

- Kein Anspruch auf bezahlten Urlaub

  Da die Regeln des Bundesurlaubsgesetzes auf einen Unternehmer nicht anwendbar sind, besteht für ihn auch keine Anspruch auf bezahlte Befreiung von der Arbeitspflicht zum Zwecke der Erholung unter Fortzahlung der Arbeitsvergütung.

- Keine Entgeltfortzahlung im Krankheitsfall

  Gleiches gilt für das Lohnfortzahlungsgesetz. Sollte der Selbständige krank werden, muß er für den dadurch entstehenden Einnahmeverlust selbst Vorsorge getroffen haben.

- Keine Überstundenvergütung
- Keine Erstattung von Reisekosten
- Keine Erstattung von Auslagen
- Sonstige Vergünstigungen

Auf alle diese Vergünstigungen, die einem Arbeitnehmer oft gar nicht bewußt sind, muß der Selbständige entweder verzichten oder er muß durch seine unternehmerisches Handeln dafür sorgen, daß er sich das leisten kann.

Tele-Heimarbeit

Die Rechtsbeziehungen der in der Form der Heimarbeit geleistet Telearbeit richtet sich nach den Vorschriften des Heimarbeitsgesetzes (HAG). Danach ist Heimarbeiter (vgl. 2 Abs. 1 HAG) derjenige, der in selbstgewählter Arbeitsstätte alleine oder mit Hilfe von Familienangehörigen im Auftrag von Gewerbetreibenden oder Zwischenmeistern erwerbsmäßig arbeitet, die Verwertung der Arbeitsergebnisse allerdings dem Arbeitgeber überläßt. Über das Tatbestandsmerkmal „erwerbsmäßig“, welches das bisherige Merkmal „gewerbsmäßig“ ersetzte, entbrannte in der Folgezeit ein heftiger Streit.

Eine Mindermeinung vertrat dabei den Standpunkt, daß zwar auch Büroarbeit am heimischen Arbeitsplatz dem Heimarbeitsgesetz unterstellt werden sollte, allerdings seien dabei nur Büroarbeiten minderer Qualität gemeint gewesen, nicht dagegen höherqualifizierte Tätigkeiten. Eine Aussage, die meines Erachtens allerdings weder einen Anhalt im Gesetzeswortlaut noch im Gesetzeszweck findet. Die herrschende Auffassung, die auch gängiger Rechtsprechung entspricht, vertritt dagegen dieMeinung, daß auch die reine Telearbeit am häuslichen Arbeitsplatz unter das Heimarbeitsgesetz fällt.

Für den Telearbeiter hat das konkrete Auswirkungen. Rechtlich betrachtet ist der Heimarbeiter eine arbeitnehmerähnliche Person (vgl. 5 Abs. 1 ArbGG), weil er wirtschaftlich abhängig ist. Für ihn gelten die besondere Regeln des Heimarbeitsgesetz. Das macht sich vor allem im Bereich der Kündigungsfristen bemerkbar. Die speziellen Regelungen nach 29 HAG weichen doch zum Teil recht deutlich von denen der Angestellten ab. Daneben findet auch das Kündigungsschutzgesetz auf den Heimarbeiter keine Anwendung, so daß er sich gegen eine fristgerechte Kündigung auch nicht mit einer Kündigungsschutzklage wehren kann. Und das sonst übliche Mitbestimmungsrecht des Betriebsrates nach 102 BetrVG ist nur bei Heimarbeitern, die in der Hauptsache für einen einzigen Betrieb arbeiten, gegeben.

Zusammenfassung

Im wesentlichen ist festzuhalten, daß Telearbeit in allen arbeitsrechtlichen Kategorien vorkommen kann. Im Einzelfall können Schwierigkeiten bei der Unterscheidung auftreten, um welchen Fall der Telearbeit es sich handelt. Die Arbeitsgerichte unterscheiden nach dem tatsächlichen Grad der persönlichen Abhängigkeit. Der Wille der Vertragsparteien spielt dabei nur eine untergeordnete Rolle. Daneben sind weitere Kriterien von Bedeutung: die freie Verfügbarkeit der Arbeitszeit, frei Urlaubswahl und die Eingliederung in die betriebliche Organisation. Dabei ist der letzte Punkt jedoch problematisch. Wenn das Unternehmen die Arbeitsleistung des freiberuflichen Mitarbeiters mit in die Planung einbezieht oder der Mitarbeiter ausschließlich mit dem Arbeitsmaterial des Unternehmens arbeitet oder auf den vorhandenen technischen Apparat zur Durchführung seiner Aufgabenstellung angewiesen ist, dann spricht dies eher für ein festes Arbeitsverhältnis.

Für die meisten Telearbeiter wird daher nur der Status eines Arbeitnehmers in Betracht kommen.

Betriebsverfassungsrecht

Das Betriebsverfassungsrecht ist die Gesamtheit der Normen, die nicht unmittelbar das Arbeitsverhältnis betreffende Beziehungen des Arbeitgebers zu den Arbeitnehmern und deren Vertretung (insbesondere der Betriebsrat) regelt. Folglich treffen seine Regelungen nur den „abhängig Beschäftigten", für den es eine Reihe betriebsverfassungsrechtlicher Fragen zu beachten gilt:

Unterrichtungspflicht

Zunächst einmal besteht nach 81 BetrVG das Recht des Arbeitnehmers, vor Aufnahme einer Tätigkeit mit einem Bildschirmgerät über die Arbeitsaufgabe und Verantwortung sowie die Art der Tätigkeit und ihre Einordnung in den Arbeitsablauf unterrichtet zu werden.

In zwei grundlegenden Entscheidungen hat das Bundesarbeitsgericht bereits 1982/83 die Mitwirkungsrecht des Betriebsrats bei der Einrichtung von Bildschirmarbeitsplätzen geregelt. Danach kann der Betriebsrat keine allgemeinen Regelungen über folgende Tatbestände verlangen:

- eine bestimmte Ausgestaltung der Arbeitsplätze (z.B. bestimmte Computermarke),
- eine zeitliche Beschränkung der Arbeit,
- ein Verbot der Beschäftigung Schwangerer mit Bildschirmgeräten,
- Augenuntersuchungen, und
- eine über die bestehende Pflichten hinausgehende Unterrichtungs- und Durchführungspflicht des Arbeitgebers.

Für diese Regelungen bieten die 91, 87 oder 111 BetrVG keine gesetzliche Grundlage.

Mitbestimmungsrechte des Betriebsrats

Die Einführung bzw. Ausgestaltung der Telearbeit berührt einige Mitbestimmungsrechte des Betriebsrats, die es zu beachten gilt.

Die Ausgestaltung von Arbeitsplätzen mit Bildschirmgeräten

So ist der Betriebsrat gemäß 90 Nr. 4 BetrVG stets über die Planung neuer Arbeitsplätze rechtzeitig zu unterrichten. Dabei ist mit ihm über die Auswirkung auf die Art der Arbeit und die Anforderungen an die Arbeitnehmer unter Berücksichtigung arbeitswissenschaftlicher Erkenntnisse über die menschengerechte Gestaltung der Arbeit zu beraten.

Um eventuellen Problemen von Anfang an aus dem Wege zu gehen, sollte der Bildschirmarbeitsplatz nach den „Sicherheitsregeln für Bildschirmarbeitsplätze im Bürobereich“ der Berufsgenossenschaften eingerichtet werden.

Zeitliche Beschränkungen bei der Bildschirmarbeit

Das BAG (Bundesarbeitsgericht) hat in einem Beschluß vom 2.4.1996 ausdrücklich festgestellt, daß der Betriebsrat gemäß 87 Abs. 1 Nr. 7 BetrVG ein Mitbestimmungsrecht über Belastungsunterbrechungen besitzt. Das Gericht entspricht mit diesem Beschluß zum einen 120 a GewO, der eine Verpflichtung des Arbeitgebers vorsieht, den Arbeitnehmer vor Gefahren gegen Leib und Gesundheit zu schützen. Zum anderen folgt das BAG der ständigen Rechtsprechung des Europäischen Gerichtshofs, nach der die nationalen Gerichte die Auslegung auch älterer innerstaatlicher Regelungen soweit wie möglich an den einschlägigen EG-Richtlinien auszurichten haben.

Allerdings sei noch darauf hingewiesen, daß die Tatsache, daß eine solches Mitbestimmungsrecht besteht, nicht automatisch bedeutet, daß ein Anspruch auf bezahlte Pausen besteht.

Verbot der Beschäftigung Schwangerer an Bildschirmgeräten

Der Gesetzesvorbehalt des 87 Abs. 1 Eingangssatz BetrVG schließt Mitbestimmungsrechte des Betriebsrates insoweit aus, als gesetzliche Regelungen bestehen. 4 des Mutterschutzgesetzes (MuSchuG) hat diesen Tatbestand abschließend geregelt. Daher kann der Betriebsrat aufgrund 87 Abs. 1 Nr. 7 BetrVG nicht das Verbot der Beschäftigung Schwangerer an Bildschirmgeräten verlangen.

Augenuntersuchungen für Arbeitnehmer an Bildschirmarbeitsplätzen

Gleiches gilt für Augenuntersuchungen als Maßnahme des vorbeugenden Gesundheitsschutzes. Der Betriebsrat kann dies nicht nach 87 Abs. 1 Nr. 7 BetrVG verlangen, da es keine gesetzlichen Vorschriften gibt, die den Arbeitgeber hierzu verpflichten.

Gleichwohl sollte man auch hier – nicht nur wegen des besseren Betriebsklimas – den Empfehlungen der Berufsgenossenschaften folgen, die Augenuntersuchungen empfehlen. Anzumerken ist in diesem Zusammenhang noch, daß nach derzeit geltenden Recht der Arbeitgeber auch nicht verpflichtet ist, dem Arbeitnehmer eine Brille für die Tätigkeit an Bildschirmgeräten zu Verfügung zu stellen. Auch wenn eine derartige Brille zur Korrektur von Sehfehlern benötigt wird, ist diese auch nicht vom Arbeitgeber zu bezahlen.

Betriebsvereinbarungen

In den meisten Fällen werden obengenannte Punkte durch eine sogenannte Betriebsvereinbarung zu regeln sein. Eine Betriebsvereinbarung kommt durch gemeinsame übereinstimmende Beschlüsse von Arbeitgeber und Betriebsrat (33 BetrVG) zustände, ähnlich einem schriftlichen Vertrag nach den Regeln des bürgerlichen Rechts. Betriebsvereinbarungen haben sich insbesondere bei der Einführung von Telearbeit hilfreich erwiesen, da sie problematische Dinge zur Zufriedenheit beider Seiten regeln können. In der Praxis können damit unter anderem folgende Problemkreis geregelt werden:

- Einrichtung außerbetrieblichen Arbeitsstätten auf freiwilliger Basis.
- Unantastbarkeit des Arbeitnehmerstatus der Mitarbeiter. Das betrifft z.B. das Gehalt, Sozialleistungen und Urlaubsregelungen.
- Aufteilung per Vereinbarung der vertraglich festgelegte Arbeitszeit auf die Bereiche Betrieb und zu Hause aufgeteilt. Das kann entweder „betriebsbestimmt“ oder „selbstbestimmt“ geschehen.
- Regelung der Zeiterfassung über ein Arbeitstagebuch, welches monatlich von der Führungskraft abzuzeichnen ist.
- Gewährung betrieblichen Informationsmittel sowie Einberufung zu gemeinsamen betrieblichen Besprechungen, um den Kontakt zum Betrieb, insbesondere zu den Kollegen, aufrecht zu erhalten.
- Kostenlose Bereitstellung von Arbeitsmittel. Für den Arbeitsraum, Strom und Heizung werden monatlich eine Pauschale. Ein höherer Aufwand (z.B. dienstliche Telefongespräche) werden gegen Nachweis erstattet.
- Regelung des Betretungsrechts: Unternehmens- oder Arbeitnehmervertreter dürfen die außerbetriebliche Arbeitsstätte nur betreten, wenn der Mitarbeiter zustimmt.
- Datenschutzbelange: Vertrauliche Daten und Informationen sowie Sicherheitscodes sind so zu schützen, daß Dritte keine Einsicht nehmen können.
- Absicherung von Arbeitsunfälle an der außerbetrieblichen Arbeitsstätte durch die Berufsgenossenschaft.
- Haftungsfragen: Der Mitarbeiter und die in dem Haushalt lebenden Personen sowie Besucher sind gegenüber dem Unternehmen nur zur Haftung verpflichtet, wenn Vorsatz oder grobe Fahrlässigkeit vorliegen.

Sozialversicherungsrecht

Die Sozialversicherung ist die gesetzliche Zwangsversicherung mit dem Ziel der Leistungsgewährung bei Krankheit und Pflegebedürftigkeit, Arbeitsunfall, Berufskrankheiten, Berufs- und Erwerbsunfähigkeit, Mutterschaft, Alter und Tod. Die Mittel werden durch Beiträge der Arbeitgeber und der Versicherten sowie durch Zuschüsse des Bundes aufgebracht.

Abhängig Beschäftige

Für den abhängig Beschäftigten treten keine Besonderheiten auf. Im Regelfall ist der Beschäftigte durch die gesetzliche Sozialversicherung für die meisten Fälle abgesichert. Dies gilt auch für den Bereich der Unfallversicherung, so wenigstens nach der bisherigen Interpretation der Berufsgenossenschaften, wenn der Telearbeiter zwischen den heimischen Arbeitsplatz und dem im Büro wechselt.

Selbständige

Im Gegensatz zum „normalen" Arbeitnehmer muß sich der Selbständige um seine eigene soziale Absicherung und unter Umständen die seiner Familie selbst kümmern. Das bedeutet unter anderem, daß er sich nach geeigneten Versicherungen selbst umschauen muß und vor allem deren sämtliche Beträge in voller Höhe alleine zu entrichten hat.

Rentenversicherung

Für den Selbständigen stellt sich die Frage, ob er weiter Beiträge in die öffentliche Rentenkasse einzahlen oder sich eine private Rentenversicherung zulegen soll.

Solange noch nicht die allgemeine Wartezeit in der gesetzlichen Rentenversicherung von fünf Jahren erfüllt ist, sollte man diese Voraussetzung auf jeden Fall durch Beitragszahlung erfüllen, so daß man sich den Mindestanspruch sichert. Darüber hinaus kann es unter Umständen sinnvoll sein die geringstmöglichen Beträge zum Erhalt von Ansprüche einzuzahlen. Es kann hier jedoch keine allgemeinverbindliche Empfehlung gegeben werden. Sie sollten sich auf jeden Fall die kostenlosen Beratungsstellen der Rentenversicherungen in Anspruch nehmen.

Über diese Mindestbeiträge gehende Beträge sollten aber in jeden Fall in die private Vorsorge fließen. Hier kann nur auf das breite Angebot von Banken und Versicherungen in Form von Lebensversicherungen oder private Rentenversicherungen verwiesen werden. Wenn Sie sich dagegen sicher in Geldgeschäften fühlen, dann sollten Sie aber auch an eine selbst erstellte Altersversorgung denken.

Krankenversicherung

Zu einer Krankenversicherung ist im Hinblick auf die erheblichen finanziellen Risiken in jedem Fall zu raten.

Der selbständige Telearbeiter hat grundsätzlich die freie Wahl zwischen der gesetzlichen oder einer privaten Krankenkasse. Auch hier kann kein allgemeiner Rat gegeben werden. Entscheidungskriterien, die Sie in Ihre Auswahl mit einbeziehen sollten, sind die Zahl Ihrer Kinder, Ihre gegebenenfalls mitverdienende Ehefrau, Ihr Alter und Ihr Gesundheitszustand. Diese Punkte entscheiden das Preis-Leistungs-Verhältnis für gegenwärtige und vor allem zukünftige Leistungen.

Daneben sollten Sie bedenken, daß ein einmal gefaßter Entschluß einer privaten Krankenkasse beizutreten nahezu unumstößlich ist. Die Beiträge müssen im Gegensatz zu den abhängig Beschäftigten in voller Höhe bezahlt werden. Als Unternehmer trägt man somit auch den Arbeitgeberanteil. Hierbei sei nicht verschwiegen, daß die zukünftige Beitragsentwicklung bei der gesetzlichen Kassen zur Zeit ebensowenig absehbar ist, wie bei den Privaten.

Auf jeden Fall sollten Sie sich die einzelnen Angebote genau ansehen und auf das „Kleingedruckte“ zu achten. Die Preisunterschiede rühren öfters von dem doch recht unterschiedlichen Leistungsangebot der Versicherer her.

Pflegeversicherung

Seit 1995 besteht für alle – gleich ob gesetzlich oder privat krankenversichert – die Zwangsmitgliedschaft in der Pflegeversicherung. Die gesetzlichen Krankenversicherungen erheben auch die Beiträge zur Pflegeversicherung, so daß hier die Suche nach einer geeigneten Pflegeversicherung entfällt.

Arbeitslosenversicherung

Für Selbständige gab es lange keine Möglichkeit für den Fall der Arbeitslosigkeit eine Versicherung abzuschließen. Mittlerweile gibt es Versicherungsanbieter, die auch diese Lücke entdeckt haben. Allerdings sind die Beiträge derart hoch und die Leistungen nur beschränkt, so daß ein solcher Abschluß gut durchdacht sein will. Für den Selbständigen bleibt oft nur die Möglichkeit in guten Zeiten eine finanzielle Vorsorge in Form von Kapitalansammlung zu treffen.

Sind Sie bereits arbeitslos und erwägen den Start als Telearbeiter in die Selbständigkeit, so bieten die Arbeitsämter Hilfen in Form von Überbrückungsgeld (55a AFG) an. Diese Leistungen können jedoch nur in Anspruch genommen werden, wenn die zukünftige selbständige Tätigkeit geeignet erscheint dem Antragsteller eine ausreichende Lebensgrundlage zu verschaffen. Für den, der bereits vorher abhängig beschäftigt war, ist zumindest ist der Start in die Selbständigkeit aus dieser Warte relativ gefahrlos. Wer die Anwartschaftszeit nach 104 AFG erfüllt hat und in den ersten drei Jahren nach der Selbständigkeit scheitern sollte, hat einen Anspruch auf Arbeitslosengeld. Danach entfällt allerdings diese Möglichkeit und man kann auch nicht freiwillig in der Arbeitslosenversicherung bleiben (vgl. 104 Abs. 3 AFG).

Unfallversicherung

Ein Unternehmer ist – anders als der Arbeitnehmer – nicht über die Berufsgenossenschaft mitversichert. Gegen die Folgen eines Arbeitsunfalls bieten die Berufsgenossenschaften allerdings eine sehr preiswerte Möglichkeit der Absicherung für den Unternehmer und seiner Familie an. Den Unfallverletzten wird sowohl ein Verletztengeld als auch die erforderliche Rehabilitationsmaßnahmen gezahlt und auch die Witwenrenten sind mit eingeschlossen. Die Beiträge können von den Selbständigen frei nach den gewünschten Leistungsumfang gewählt werden.

Berufs- und Erwerbsunfähigkeitsversicherung

Auch wenn die meisten Telearbeiter die überwiegende Zeit vor dem heimischen Computer verbringen, sollten Sie an eine Berufs- oder Erwerbsunfähigkeitsversicherung denken. Generell läßt sich sagen, daß Sie mit einer Berufsunfähigkeitsversicherung im Regelfall besser bedient sind als mit einer Erwerbsunfähigkeitsversicherung. Die Voraussetzungen an einer Erwerbsunfähigkeit sind sehr hoch und werden nur in den seltensten Fällen erreicht.

Lebensversicherung

Lebensversicherung gibt es in zwei Formen: Die Risikolebensversicherung und die Kapitallebensversicherung. Die Risikolebensversicherung ist eine vergleichsweise preiswerte Absicherung der Familie für den Todesfall der versicherten Person. Mit den Beiträgen werden allerdings keine Rücklagen für den Kapitalaufbau gebildet, so daß sie etwa als Altersversicherung wenig taugt.

Anders sieht das bei der Kapitallebensversicherung aus. Allerdings sollten Sie auf die monatliche Belastung und den Kaufkraftschwund achten. Nicht immer ist eine Kapitallebensversicherung die bessere Wahl. Sie sollten deshalb vor einer Entscheidung genaue Berechnungen anstellen.

Haftpflichtversicherung

Auch wenn bei der Telearbeit mit wenig Verkehr von Dritten gerechnet werden kann, sind Schädigungen Dritte nicht auszuschließen. Deshalb sollte dieses Risiko mit einer Haftpflichtversicherung und unter Umständen auch mit einer Berufshaftpflicht abgedeckt werden. Auch hier empfiehlt es sich, genau auf Leistungsumfang und eventuelle Deckungsausschlüsse zu achten.

Haftungsrecht

Angestellter Mitarbeiter

Häufig entstehen Probleme, wenn ein Mitarbeiter für seine Arbeiten technische Geräte, z.B. einen Computer, Scanner oder Drucker zur Verfügung gestellt bekommt und dieses Gerät während des Arbeitseinsatzes beschädigt wird.

Auch hier gelten für den angestellten Telearbeiter keine Besonderheiten zu seinem in der Firma beschäftigten Kollegen. Zunächst ist die Verschuldensfrage zu klären. Für den Fall des Nachweises von grober Fahrlässigkeit oder gar Vorsatz ist die Haftungsfrage klar im Gesetz geregelt: Derjenige der die Beschädigung verursacht, muß auch den Schaden beseitigen. Fahrlässig handelt, wer die im Verkehr erforderliche Sorgfalt außer acht läßt (276 BGB)

Lediglich im Fahrlässigkeitsfall wird der Arbeitgeber dem Telearbeiter unter Umständen einen Freistellungsanspruch gewähren und auf eine Erstattung der durch die Reparatur und durch den Arbeitsausfall entstehende Kosten zu verzichten. Da es hier aber auf den guten Willen des Arbeitgebers ankommt, sollten Sie deshalb versuchen diese Risiken über eine Haftpflichtversicherung abzudecken.

Bei den Geräten, die im Hause des Telearbeiters eingesetzt werden, handelt es sich um überlassene Gegenstände. An diesen hat der Telearbeiter zwar Besitz, sie stehen aber, sofern nichts anderes geregelt wurde, im Eigentum des Arbeitgebers. Daraus ergibt sich die Pflicht, die gleichen Sorgfaltspflichten anzuwenden, als würden die Geräte in den Räumen des Unternehmers stehen.

Freiberuflicher Telearbeiter

Wie bereits erläutert, ist in jedem Fall eine Haftpflichtversicherung empfehlenswert, da auch durch das Handeln des Selbständigen ein Dritter geschädigt werden kann. Im Fall eines nachweisbaren Verschuldens, z.B. durch Fahrlässigkeit, muß er für die Beschädigung am fremden Eigentum haften. Das bedeutet, daß er entweder die Sachen reparieren lassen oder gegebenenfalls neue und gleichwertige Geräte beschaffen muß.

Achten Sie beim Abschluß der Haftpflichtversicherung darauf, daß sie im Fall der Fälle auch für solche fahrlässig herbeigeführten Schäden auch eintritt. Es ist in jedem Fall empfehlenswert den Vertrag gründlich zu studieren und nach eventuellen Haftungsausschlußklauseln Ausschau zu halten.

Mietrecht

Wenn Sie Ihren neuen Telearbeitsplatz nicht im eigenen Heim einrichten, sondern in einer Mietwohnung, so sollten Sie Ihren Mietvertrag überprüfen. In manchen Verträgen befindet sich nämlich eine Klausel, die selbständige Tätigkeiten untersagen.

Wenn dies der Fall ist, sollten Sie zunächst versuchen mit Ihrem Vermieter eine Einigung zu erzielen und sich seine Zustimmung einzuholen. Wahrscheinlich wird er nichts dagegen haben, wenn Ihre Tätigkeit ohne großen Publikumsverkehr abläuft und Sie keine gravierende bauliche Veränderungen planen. Stimmt er trotzdem nicht zu, so sollten Sie das ganze noch einmal schriftlich zusammenfassen und Ihre Argumente genau aufzählen.

Hilft das alles nichts, versuchen Sie mit Ihrem Vermieter zunächst eine zeitlich begrenzte Testphase auszumachen oder bieten Sie ihm an, die Miete angemessen zu erhöhen.

Sollten alle Stricke reißen und Sie sich alleine keine eigenen Gewerberaum leisten können, versuchen Sie, in einem Telezentrum einen Platz anzumieten oder in Gemeinschaft mit anderen ein Büro zu eröffnen.

Gewerberecht

Der Telearbeitsplatz

Bei regem Publikumsverkehr oder starken Geräuschemmissonen muß zunächst im Gewerbe und im Bauamt überprüft werden, ob die Tätigkeit von einem Mischgebiet oder einem reinen Wohngebiet aus vorgenommen wird. Gegen die sogenannten stillen Gewerbe ohne wesentlichen Kundenverkehr bestehen normalerweise auch in einem Wohngebiet keine Bedenken, wenn der Wohncharakter erhalten bleibt und es nicht zu einer Umwidmung von Wohn- in Gewerberaum kommt.

Sollten Sie für Ihr Unternehmen eine Gewerbegenehmigung benötigen, achten Sie darauf, daß ihre Nachbarn durch Ihre Tätigkeit nicht belästigt werden. Etwaige Klagen Ihrer Nachbarschaft können eine Genehmigung erschweren bzw. sogar ganz verhindern.

Die Gewerbeanmeldung selbst ist bei den örtlichen Gewerbeämtern für eine selbständige Tätigkeit abzugeben. In dem bundesweit einheitlichen Formular wird auch gefragt, ob noch zusätzliche Genehmigungen erforderlich sind. Dies hängt von der Art der Tätigkeit ab. So ist etwa bei einem Makler eine zusätzliche Bescheinigung erforderlich (vgl. 34c GewO). Auch hier sollten Sie sich vorher ausführlich erkundigen.

Kennzeichnungspflicht für Webseiten

Webseiten richten sich nicht an einen bestimmten Empfänger und müssen deshalb normalerweise – wie jede andere Werbung auch – nicht etwa die in Geschäftsbriefen erforderlichen Angaben enthalten. Anders sieht die Sache dann aus, wenn der Kunde auf der Webseite bereits seine Bestellung aufgeben kann. Räumlich gesehen kommt der Vertrag in einem solchen Fall auf dem Webserver des Unternehmers zustande. Für die Juristen liegt in diesem Fall der Vergleich mit einer „offene Verkaufsstelle" im Sinne der Gewerbeordnung sehr nahe. Wer eine solche Verkaufsstelle betreibt, muß aber an der Außenseite oder am Eingang ein Schild anbringen, das auf den Inhaber hinweist. Umgesetzt auf die Webseite bedeutet, daß, das klar herauskommen muß, wer hinter der Webseite steht. So sollte etwa eine GmbH, wie in Ihren Geschäftsbriefen auch, auf ihren Geschäftsführer sowie die Handelsregisternummer hinweisen, um ein Bußgeldbescheid zu vermeiden.

Wettbewerbsrecht

Der Wettbewerb ist ein Grundelement der freien Marktwirtschaft. Kein Kaufmann hat Anspruch auf Erhaltung seines Marktanteils oder Kundenkreises. Deshalb muß in einer freien Marktwirtschaft es jeder hinnehmen, daß sein Absatzbereich durch die Tätigkeit von Mitbewerbern beeinträchtigt wird.

Jedoch sind diese Regeln international unterschiedlich und es heißt für den werbetreibenden Telearbeiter einiges zu beachten. Bei der Werbung setzen manche Länder auf freien Wettbewerb, andere Rechtsordnungen glauben, die Werbetreibenden zum Schutz der Verbraucher, aber auch der Mitbewerber, eng an die Leine nehmen zu müssen. So ist etwa in der Bundesrepublik vieles verboten, was etwa in den USA ohne weiteres erlaubt ist. Die vergleichende Werbung gehört dazu. Verboten ist es deshalb in aller Regel, seine Produkte mit denjenigen eines bestimmten Mitbewerbers zu vergleichen.

Darüber hinaus haben Sie sich an das sogenannte Wahrheitsgebot zu halten, welches das gesamte Wettbewerbsrecht prägt. Wer in seiner Webseite Werbeaussagen trifft und Fakten nennt, muß darauf achten, daß diese richtig sind. Wenn auch nur die Gefahr besteht, daß der unbefangene Leser eine Aussage falsch verstehen könnte, kann es nämlich teuer werden.

Im Regelfall wird ihm eine anwaltliche Abmahnung eines Anwalts, Abmahnvereins oder Verbands ins Haus flattert. Hierbei wird er regelmäßig aufgefordert eine strafbewehrte Unterlassungserklärung abzugeben. Das bedeutet, daß der unzulässig Werbende sich verpflichten soll, bei Meidung einer empfindlichen Vertragsstrafe solche Werbung in Zukunft zu unterlassen. Wenn die gerügte Werbung tatsächlich unzulässig war, sollte man die geforderte Erklärung abgeben, weil sonst eine gerichtliche einstweilige Verfügung droht. Aber auch wer die Erklärung sofort abgibt, kommt nicht ungeschoren davon. Er muß die Abmahnkosten tragen und bei Einschaltung eines Anwaltes auf der gegnerischen Seite dessen Honorar zahlen. Während Verbände, die unlauteren Wettbewerb verfolgen, eine durchschnittliche Kostenpauschale von etwa 200,-- DM zuzüglich Mehrwertsteuer in Rechnung stellen, berechnen sich die Anwaltskosten nach dem Regelstreitwert. Dieser beläuft sich heute auf mindestens 20.000 DM und führt so zu ca. 800 DM Anwaltskosten inklusive der Mehrwertsteuer. Es kann sich somit durchaus lohnen, die wettbewerbsrechtliche Zulässigkeit einer Webseite vor dem Einstellen in das Internet, etwa vom eigenen Anwalt, prüfen zu lassen.

Zu welchen unglücklichen Konstellationen die deutschen Wettbewerbsregeln führen können, zeigt folgendes Beispiel. Angenommen Sie würden genau die gleiche Werbung ins Internet stellen wie Ihr amerikanischer Geschäftspartner. Während Sie nun als Deutscher vermutlich bald eine Abmahnung erhalten würden und die Seiten schnellstmöglich entfernen müßten, bliebe Ihr Partner in den Staaten unbescholten. Nun könnten Sie vielleicht auf die Idee kommen, Ihre Seiten einfach auf einen ausländischen Server zu deponieren. Diese Lösung scheint nur auf den ersten Blick elegant, schützt Sie aber auch nicht vor dem Zugriff des deutschen Wettbewerbsrechts. Danach werden Verstöße gegen den unlauteren Wettbewerb nach dem Tatortrecht beurteilt werden. Tatort einer Wettbewerbsverletzung ist aber (auch) der Ort, an dem der Erfolg eintritt. Da die Werbung auch im Inland gelesen werden kann, muß der Unternehmer sich hier verantworten.

Urheberrecht

Sicher werden auch Sie Ihre Webseiten möglichst bunt und lebendig gestalten wollen. Vielleicht wollen Sie Ihre Seite auch durch eine Grafik oder durch Cliparts interessanter gestalten oder gar eine Sounddatei hinzufügen. Aber Vorsicht. Häufig beachtet man nicht das Urheberrecht anderer und das kann unter Umständen teuer werden. Wenn dann die erste Abmahnung da ist, kann es zu spät sein. Wie bei den Wettbewerbsverletzungen auch können schnell sehr hohe Kosten entstehen.

Dabei ist es übrigens egal, ob sie ihre Internetpräsenz kommerziell oder nichtkommerziell gestalten. Texte, Cliparts und Musikdateien sind in Deutschland in aller Regel urheberrechtlich geschützt. Dazu muß nicht einmal ein Vermerk (etwa das aus dem amerikanischen Recht stammende Copyright mit dem Zeichen ©) angebracht sein. In vielen anderen europäischen Staaten sieht das nicht anders aus. Zum größten Teil gibt es dort auch Urheberechtsgesetze und zum anderen gelten im Urheberrecht aufgrund internationaler Abkommen weitgehend die gleiche Regeln. Die meisten Staaten haben Übereinkünfte getroffen (hier sei nur das Welturheberrechtsabkommen von 1952 genannt), nach denen das Prinzip der Inländerbehandlung gilt. Danach genießt der Urheber eines Mitgliedstaates grundsätzlich dieselben Rechte, die ein dortiger Inländer nach dem dort geltenden nationalen Urheberrechtsgesetz für sich in Anspruch nehmen kann.

Vom Urheberrechtsschutz ausgenommen sind nur solche Dateien, die ausnahmsweise nicht die vom Gesetz geforderte „Werksqualität" besitzen, also keine persönlichen geistigen Schöpfungen darstellen. Hierzu zählen bei den Grafikdateien etwa ganz einfache Piktogramme. Bei Texten tritt die Schutzfunktion bereits dann ein, wenn der Autor eigene Gedanken eingebracht hat. Beiträge dürfen deshalb nicht ohne weiteres wiedergegeben werden. Erlaubt sind lediglich Zitate, die sich auf das Wesentliche beschränken. Eine Ausnahme davon gilt wiederum nur, wenn das Urheberrecht an geschützten Werken erloschen ist. Dies ist 70 Jahre nach dem Tod des Autors der Fall. Mit Ablauf der Schutzfrist des Werkes enden dann sämtliche hieran bestehende Nutzungsrechte und Urheberpersönlichkeitsrechte.

Bedenken Sie auch, daß sie zwar für den privaten Gebrauch Kopien urheberrechtlich geschützter Werke, Bilder oder Software anfertigen dürfen. Dies gilt aber nicht für die Verwendung Ihrer privaten Homepage, denn sobald Sie auf dem Server des Providers liegt, ist sie öffentlich zugänglich und unterliegt dem Urheberschutz. Anders sieht die Sache nur dann aus, wenn der Urheber der Grafik die Benutzung erlaubt oder sogar dazu ermuntert, etwa dadurch, daß er sie zum freien download bereitstellt.

Datenschutzrecht

Unter Datenschutz versteht man – nicht erst seit dem Volkszählungsurteil von 1983 zur informationellen Selbstbestimmung – die Sicherung gespeicherter personenbezogener Daten sowie der Unterlagen und Ergebnissen vor Mißbrauch durch Einsichtnahme, Veränderung oder Verwertung unter Beeinträchtigung schutzwürdiger Belange des Betroffenen.

Dieser Schutz wird bereits im ausreichenden Maße vom Bundesdatenschutzgesetz (BSDG) abgedeckt und bedarf lediglich einiger kleinere Anpassungen.

Davon zu unterscheiden ist allerdings, wie in Zukunft dieser Schutz wirksam, etwa durch entsprechende Verschlüsselungsprogramme durchgesetzt werden kann.

Steuerrecht

Wenn Sie Ihr Gewerbe anmelden, erhält automatisch das Finanzamt eine Kopie. Es ist somit schon über Ihre neue Einkommensquelle informiert. Darüber hinaus sind einige steuerrechtliche Besonderheiten zu beachten.

Umsatzsteuer

Sie sollten sich bei Ihrem Steuerberater informieren, ob für Sie eine mögliche Option zur Zahlung der Umsatzsteuer sinnvoll ist. Sie können in diesem Fall zur Zahlung von Umsatzsteuer herangezogen werden, auch wenn Sie in der Startphase nur geringe Einkünfte haben. Diese Umsatzsteuer stellen Sie aber auf Ihren Rechnungen aus. Dadurch ist es letztlich nur ein Weiterleiten der eingehenden Steuer an das Finanzamt. Sollten sie nicht vierteljährlich oder halbjährlich vorauszahlen müssen, dann ist es sinnvoll, die eingehenden Beträge auf einem gesonderten Konto anzulegen, um nicht bei der jährlichen Umsatzsteuererklärung von den Beträgen überrascht zu werden. Das Finanzamt ist unerbittlich und gewährt Ihnen nur vier Wochen Frist. Gerade unerfahren Kleinbetriebe fallen dieser Steuerfalle zum Opfer. Da die Bruttobeträge auf das Konto eingehen, wird die anteilige Umsatzsteuer oftmals als Einkommen betrachtet oder gar als liquides Mittel verwendet.

Der Vorteil der Mehrwertsteueroption liegt darin, daß die Vorsteuer abgezogen werden kann. Dies bedeutet für Sie, alle Anschaffungen die mit Ihrer Tätigkeit zusammenhängen und als Betriebskosten gewertet werden, sind mit Mehrwertsteuer behaftet. Sie können nun diese Beträge von Ihrer an das Finanzamt abzuführenden Umsatzsteuer abziehen. Sie erwerben daher letztlich die angeschafften Arbeitsmittel zum Nettopreisen. Gerade durch die Anschaffung von Betriebsfahrzeugen und anderen großen Anschaffungen in der Startphase kommen erhebliche Beträge zusammen, die unter Umständen sogar eine Zahlung es Finanzamtes an Sie ermöglichen.

Einkommenssteuer

Bedenken Sie von Anfang an, daß an Sie gezahlte Rechnungsbeiträge die Einkommenssteuer enthalten. Geben Sie eingenommenes Geld nicht gleich wieder im vollen Umfang aus, ohne entsprechende Rücklagen anzulegen. Je nach Höhe Ihrer Betriebsausgaben sind für die Einkommenssteuerrücklage Beträge von 10% bis 30% Ihrer Nettoeinnahmen zu empfehlen. Die einmal im Jahr abzugebende Einkommenssteuererklärung bildet dabei die Grundlage Ihrer Besteuerung. Über Ihre Buchhaltung haben Sie die Einkommenssituation ständig im Blick. Eine geordnete und auf dem aktuellen Stand befindliche Buchhaltung ist nicht nur wegen der Verpflichtung hierzu notwendig, sondern auch, um eine Kontrolle über die Einnahmen und Ausgaben zu haben.

Abschreibungsmöglichkeiten

In vielen Fällen kann der Telearbeiter seinen Gewinn durch die Inanspruchnahme der sogenannten AfA, dahinter verbirgt sich der buchungstechnische Begriff Absetzung für Abnutzung, vergrößern. Ausgaben, die ein Unternehmer zur Anschaffung eines abnutzbaren Wirtschaftsgutes hat, sind Betriebsausgaben. Dabei handelt es sich, wie bei Computern, dann um abnutzbares Anlagevermögen des Betriebes, wenn die Nutzung des Gutes zeitlich begrenzt ist. Die Aufwendungen sind allerdings nicht sofort als Betriebsausgaben abzugsfähig, sondern nach 7 EStG mit Hilfe der AfA auf die Gesamtdauer der Verwendung oder Nutzung zu verteilen. Nach gängiger Rechtspraxis ist das aber nur dann der Fall, wenn die

Verwendung oder Nutzung dem Steuerpflichtigen erfahrungsgemäß über einen Zeitraum von mehr als einem Jahr zur Erzielung von Einkünften dient. Denn beträgt die Nutzungsdauer höchstens ein Jahr oder handelt es sich um ein geringwertiges Wirtschaftsgut bis 800 Mark, lassen sich die Anschaffungs- oder Herstellungskosten sofort als Betriebsausgaben verbuchen.

Die AfA verfolgt also den Zweck, die Anschaffungs- oder Herstellungskosten abnutzbarer Anlagegüter auf die betriebsgewöhnliche Nutzungsdauer zu verteilen. Schon bei Beginn ist somit ein Plan festzulegen, nach dem die Abschreibung während der Nutzungsdauer zu erfolgen hat. Dabei kann nach der Rechtsprechung des Bundesfinanzhofs (BFH) die technische oder wirtschaftliche Nutzungsdauer als Nutzungszeit in Betracht kommen.

Die *technische* Nutzungsdauer ist die Zeit, in der ein Anlagegut eine betrieblich nutzbare Leistung erbringt. Sie wird ganz besonders durch technische Neuerungen und materiellen Verschleiß geprägt. Die *wirtschaftliche* Nutzungsdauer ist dagegen der zeitliche Abschnitt, in dem das Gut betriebswirtschaftlich sinnvoll, das heißt rationell und rentabel eingesetzt werden kann. Die wirtschaftliche ist meist kürzer als die technische Nutzungsdauer und daher für die Berechnung der AfA entscheidend.

Gerade im Bereich von High-Tech-Produkten mit ihren extrem kurzen Innovationszyklen bereitet die Festlegung der betriebsgewöhnlichen Nutzungsdauer große Schwierigkeiten. Diese muß im Einzelfall unter Berücksichtigung aller Umstände geschätzt werden. Dabei sind Erfahrungssätze und vor allem die amtlichen AfA-Tabellen zu beachten.

Hier liegt für den Telearbeiter ein großes Problem. Die aktuellen AfA-Tabelle für allgemein verwendbare Wirtschaftsgüter, die im Regelfall die Finanzämter verwenden, sieht in der Rubrik Betriebs- und Geschäftsausstattungen für „Elektrorechner“ ohne eine weitere Differenzierung eine Nutzungsdauer von fünf Jahren vor. Dies entspricht in keiner Weise den Anforderungen der betrieblichen Praxis. Immer kürzere Produktionszyklen und immer häufigere Innovationsschübe zwingen auch den Telearbeiter zum Handeln. In der täglichen Praxis werden professionelle Anwender nicht umhin kommen, alle drei Jahre ihren Desktop-PC und sogar alle eineinhalb Jahre Ihr Notebook auszutauschen, wenn Sie denn wettbewerbsfähig bleiben wollen.

Hier sind Sie gefordert. Die Finanzverwaltungen nehmen für professionell eingesetzte Computer eine regelmäßige Nutzungsdauer von fünf Jahren an. Im Einzelfall kann diese Spanne auf minimal drei Jahre verkürzt werden, wenn Sie glaubhaft eine kürzere Nutzungsdauer darlegen. Sie sollten insbesondere aufzeigen, daß Sie Ihr Unternehmen professionell nach außen darstellen und die Möglichkeiten der modernen EDV ausschöpfen müssen, um den technologischen Fortschritt in Produktivität und Wettbewerbsfähigkeit umzusetzen.

Aber selbst diese Möglichkeit wird für den professionellen Teleworker, bei dem der Computer zum täglichen Arbeitsrüstzeug gehört, nicht immer ausreichen. Erschwerend kommt nämlich hinzu, daß in den letzten Jahren, parallel zu den immer kürzeren Innovationszyklen, die Produkte einem rasanten Preisverfall unterliegen. Zwar bietet sich für den Steuerpflichtige die sogenannte Abschreibung auf den Teilwert an. Das heißt, nach der anerkannten Abschreibung in den ersten Jahren wird das Gerät schlagartig auf den minimalen Restwert abgeschrieben. Allerdings muß dieser Vorgang wiederum dem Finanzamt in jedem Einzelfall begründet werden.

Aus diesem Dilemma gibt es eigentlich nur einen vernünftigen Ausweg: Leasing mit Austauschoption. Gerade bei Hardware ist nicht das Eigentum am Gerät entscheidend, sondern die Nutzungsmöglichkeit. Die monatlichen Leasingraten können Sie bei steuerlich anerkannter Ausgestaltung des Finanzierungsleasings als Betriebsausgaben verbuchen. Dabei sollten Sie zusätzlich mit Ihrem Leasinggeber eine Austauschoption vereinbaren. Das sichert Ihnen den Zugriff auf Hardware, die dem neuesten Stand der Technik entspricht und Ihnen stellt sich die leidige Entsorgungsfrage nicht.

Weiter sollten Sie daran denken, daß Freiberufler ihren Onlineaccount – die Monatspauschale wie den Stundensatz – von der Steuer absetzen können. Voraussetzung ist jedoch, daß sie den Dienst beruflich benötigen. Doch Vorsicht, gerade für Telearbeiter gibt es bei den Finanzämtern noch keine Regelung. So werden die Beamten möglicherweise mißtrauisch, wenn die freiberufliche Telesekretärin monatliche Onlinegebühren für tausend Mark angibt, obwohl die den Account beruflich nur zum Datentransfer benötigt.

Wenn zudem die Einnahmen in keinem Verhältnis zu den Ausgaben stehen, vermutet das Finanzamt schnell Liebhaberei und fordert Nachweise. Deshalb sollten Sie grundsätzlich alle Quittungen und Rechnungen aufheben. Daneben empfiehlt es sich, einen Einzelgesprächsnachweis zu beantragen. Und führen Sie ein „Fahrtenbuch" für Ihr Datennetz, in dem Sie protokollieren, wann Sie privat und wann Sie geschäftlich im Netz unterwegs waren.

Für Haushalte mit Kindern kann hilfreich sein, daß man glaubhaft machen kann, daß nur Sie als Telearbeiter Zugang zum PC haben. Am besten sollten Sie sich ein entsprechendes Schloß besorgen und die Rechnung gleichfalls dem Finanzamt vorlegen.

Europarecht

Wie in allen Gebieten machen sich auch bei der Bildschirm- und Telearbeit Veränderungen durch die Harmonisierungsbestrebungen der Europäischen Union bemerkbar. So bringt insbesondere die zum 1.1.1997 erfolgte gesetzliche Umsetzung der Ratsrichtlinie zur Bildschirmarbeit (Richtlinie des Rates vom 29. Mai 1990 über die Mindestvorschriften bezüglich der Sicherheit und des Gesundheitsschutzes bei der Arbeit an Bildschirmgeräten), einige Veränderungen, über die jeder Telearbeiter informiert sein sollte.

Maßgeblich drei Begriffe prägen die Richtlinie und werden deren Umsetzung dementsprechend bestimmen:

- der Begriff des „eigentlichen Bildschirms",
- der Arbeitsplatz mit seinen „Bestandteilen". Die Richtlinie versteht darunter: „den eigentlichen Computer mit Tastatur bzw. Datenerfassungseinrichtung, die Mensch-Maschine-Schnittstelle bestimmende Software, Zusatzgeräte und Anlagenelemente wie Diskettenlaufwerke, Modem, Drucker, Sitz und Arbeitstisch sowie die unmittelbare Arbeitsumgebung",
- der Begriff des „Arbeitnehmers". Nach der Richtlinie ist das derjenige, der gewöhnlich bei einem nicht unwesentlichen Teil seiner normale Arbeit ein Bildschirmgerät benutzt.

Zu den Pflichten des Arbeitgebers wird in Zukunft somit eine ausführliche Analyse der Arbeitsplätze gehören. Dabei müssen insbesondere die Sicherheits- und Gesundheitsbedingungen für die Arbeitnehmer beurteilt werden. Darunter fallen insbesondere die Gefährdung des Sehvermögens, sonstige körperliche Probleme und psychische Belastungen.

Besondere Beachtung sollten Sie den Bildschirmen schenken, denn an sie werden folgende Anforderungen gestellt:

- „Die auf dem Bildschirm angezeigten Zeichen müssen scharf und deutlich, ausreichend groß und mit angemessenen Zeichen und Zeilenabstand dargestellt werden".
- „Das Bild muß stabil und frei von Flimmern sein und darf keine Instabilität anderer Art aufweisen".
- „Die Helligkeit und/oder der Kontrast zwischen Zeichen und Bildschirmhintergrund müssen leicht vom Benutzer eingestellt und den Umgebungsbedingungen angepaßt werden".
- „Der Bildschirm muß zur Anpassung an die individuelle Bedürfnisse des Benutzers frei und leicht drehbar und neigbar sein".
- „Der Bildschirm muß frei von Reflexen und Spiegelungen sein, die den Benutzer stören können".

Was in der Richtlinie aber nicht beachtet wird, ist die Tatsache, daß die Qualität eines Monitors eigentlich von zwei Komponenten bestimmt wird: dem eigentlichen Bildschirm und der Grafikkarte. Beide müssen in ihrer Leistungsfähigkeit getrennt gesehen werden. Was eine Grafikkarte nicht leistet, kann ein guter Monitor nicht ausgleichen und ein gute Grafikkarte kann ihre Vorzüge auf einem schlechten Monitor nicht ausspielen. So tritt das bekannte „Bildschirmflimmern" dann auf, wenn die Grafikkarte nicht ausreichend dimensioniert ist. Im Idealfall sollte sich das Monitorbild in so kurzen Abständen aufbauen, daß über das Auge der Eindruck eines stehenden Bildes vermittelt wird. Man spricht hier von der sogenannten Vertikalfrequenz. Ist diese nicht hoch genug, flimmert das Bild. Empfehlenswert sind deshalb Grafikkarten und Monitore, die eine Bildschirmwiederholungsrate von 70 bis 80 Hz darstellen können. Insgesamt sollte man sich merken: Je höher die Vertikalfrequenz, desto geringer das Flimmern.

Ein weiterer Aspekt ist die anzustrebende Strahlungsarmut des Gerätes. Nach der Richtlinie darf nämlich „die Benutzung des Gerätes als solche keine Gefährdung der Arbeitnehmer mit sich bringen". Es ist jedoch eine physikalische Tatsache, daß Monitore strahlen. Dies ist auch nicht verwunderlich, da mit einer Spannung von rund 20.000 Volt Elektronen beschleunigt werden, die das auf der Mattscheibe aufgebrachte Phosphor zum Leuchten bringen und die Zeilen mit einer Zeilenfrequenz von 30 bis 80 Hz aufgebaut werden. Bei alledem entstehen natürlich hoch- und niederfrequente elektrische und magnetische Wechselfelder, Röntgenstrahlen und elektrostatische Aufladungen. Allerdings kann man diese Strahlung mittlerweile eindämmen. Achten Sie deshalb auf strahlungsarme Monitore. Von Schweden ausgehend wurden Grenzwerte festgelegt. Danach sind relevant:

- MPR I und MPR II (legen die Grenzwerte fest)
- TCO 92 und TCO 95 (gehen von einer ganzheitliche Betrachtung des Arbeitsplatzes aus)

Daneben sollten Sie auch auf die Signet „GS" (elektrische Sicherheitsprüfung) und „TÜV-Ergonomie" achten. Schließlich muß seit dem 1.1.1996 auch jedes elektrische Gerät das Signet CE der elektromagnetischen Verträglichkeit tragen.

Zwar bilden die Regelungen zum Bildschirm den Schwerpunkt der Richtlinie. Darüber hinaus stellt sie noch folgende Anforderungen:

- an die Tastatur: getrennt, neigbar für bequeme Haltung, Auflagemöglichkeit, matte Oberfläche ohne Reflexe, richtige Anordnung und Beschaffenheit der Tasten, gut lesbare Beschriftung.
- an den Arbeitsstuhl: Kippsicherheit, Stabilität, Bewegungsfreiheit, verstellbare Sitzhöhe, Rückenlehne in Höhe und Neigung verstellbar, auf Wunsch Fußstütze.
- an den Arbeitstisch: große reflexionsarme Oberfläche, verstellbarer Manuskripthalter, Freiraum für bequeme Arbeitshaltung.
- an die Arbeitsumgebung: Platzbedarf für wechselnde Arbeitshaltung und -bewegung; zufriedenstellende Lichtverhältnisse, ausreichender Kontrast, Vermeidung von Reflexen und Blendungen durch Lichtquellen und Fenster, sowie die Vermeidung von Lärm, Wärme, Strahlung und Feuchtigkeit.

Insgesamt bringt die zum 20. Dezember 1996 erfolgte Umsetzung der Richtlinie in nationales Recht einige Neuerungen. Es ist also empfehlenswert, bei Neuanschaffungen schon jetzt auf die oben angeführten Punkte zu achten.

Glossar

A

Account

Als Account bezeichnet man die Berechtigung und die technische Möglichkeit, eine Mailbox oder einen Onlinedienst anwählen zu dürfen. Mit Ihrem Benutzernamen (User-ID) und einem Paßwort weisen Sie sich dem System gegenüber aus und erhalten dann Zugang über Ihren Account.

AOL (America Online)

Kommerzieller Online-Dienst von Bertelsmann und dem US-Marktführer America Online. Das Angebot ist mehr auf Entertainment ausgerichtet und spricht mehr Familien und Privatanwender an.

Applet

Ein Applet ist wörtlich eine kleine Applikation, also ein Miniaturprogramm mit eng begrenzten Funktionsumfang. Im ➜ Internet wird der Begriff meist für ein Javaprogramm (➜ Java) verwendet.

Application Sharing

Besonderheit bei einigen Videokonferenzsystemen. Die Anwendung (etwa eine Textverarbeitung) muß dabei nur auf einem einzigen PC installiert sein. Die anderen Teilnehmer klinken sich einfach ein. Dadurch können gemeinsam Windowsprogramme genützt werden, obwohl die anderen Partner z.B. gar nicht über dieses Programm verfügen. Somit kann trotz individueller Software zusammen an einem einzigen Projekt von unterschiedlichen Orten aus gearbeitet werden.

B

Baud

Einheit für die Anzahl der Signale, die pro Sekunde über eine Leitung übertragen werden. Benannt nach dem französischen Ingenieur Emile Baudot, der gemeinsam mit Samuel Morse die Telegrafie erfand. Früher waren die Einheiten Baud und Bit gleichbedeutend. Da moderne Übertragungsverfahren wie V.32 oder V.34 aber mehrere Bits in einem Signalimpuls kodieren, wird der Begriff heute meist falsch verwendet. V.34 bietet zum Beispiel 28.800 Bit/s, aber nur bis zu 3.200 Baud.

Bildwiederholfrequenz

Die Bildwiederholfrequenz gibt an, wie oft das Bild pro Sekunde (Herz = Hz) neu gezeichnet wird. Für das Auge ist dieser Vorgang nicht sichtbar, wenn dies mehr als 30mal pro Sekunde geschieht.

Binär

Binär bedeutet, daß eine Element nur zwei Zustände annehmen kann. Ein binäres Zahlensystem enthält nur die beiden Ziffern 0 oder 1. Trotzdem lassen sich in einem solchen Zahlensystem durch entsprechende Kombinationen alle Zahlen darstellen. Das binäre System ist deshalb für Computer so wichtig, weil die beiden Zustände „Strom ein" oder „Strom aus" direkt als binäre Ziffern „0" oder „1" interpretiert werden können.

Browser

Als Browser werden Programme bezeichnet, mit denen Sie durch das World Wide Web surfen. Die bekanntesten Vertreter sind der Internet Explorer von Microsoft und der Navigator von Netscape.

Bps (Abk. *Bytes pro Sekunde*)

Maß für die tatsächliche Übertragungsgeschwindigkeit eines ➜ Modems.

C

CAPI (Abk. *Common Application Programming Interface*)

Die CAPI legt fest, wie Kommunikationsanwendungen zu erstellen sind, und bietet eine Reihe von Funktionen und Datenelementen. Nutzt ein Programmierer bei der Entwicklung von Anwendungen diese Schnittstelle, ist sie im Regelfall auch mit zukünftigen Versionen des Betriebssystems kompatibel. Die CAPI ist also quasi eine Sammlung von Betriebssystemunterfunktionen.

CD-ROM (Abk. *compact disk read only memory*)

Optische Speicherplatte für Programme und Daten. Auf eine CD-ROM passen maximal 652 MB digitalisierter Daten. Allerdings können die Daten nur gelesen werden. Eine Speicherung ist nicht möglich.

CGI (Abk. *Common Gateway Interface*)

Um Formulare im Internet verwirklichen zu können, benötigt man die sogenannten CGI-Skripte. Sie verarbeiten die Daten, die in einem Formular eingegeben werden. So stellen fast alle Provider die Funktion eines Mailbackformulars zu Verfügung. Die Daten, die Ihr Kunde ausfüllt, werden an ein CGI-Skript geschickt, und diese Programm wandelt die Daten in eine Electronic Mail um. Diese e-Mail geht dann an den Autor des Formulars. So ist der Datenaustausch über Ihren Provider mit Ihren Kunden möglich.

Chat (Englisch: *schwätzen, unterhalten*)

Gemeint ist die „Unterhaltung" per Tastatur von Rechner zu Rechner.

Client

Andere Bezeichnung für eine Arbeitsstation in einem Netzwerk.

CompuServe

CompuServe Informations Service (CIS) ist ein kommerzieller Onlinedienst mit weltweit über vier Millionen Kunden, der sich mehr an den professionellen Anwender richtet.

D

Datenautobahn

Schlagwort für ein geplantes Breitbandnetz auf Glasfaserbasis. Auch Informations-(Super)-Highway genannt. Hohe Übertragungsraten sollen so Kommunikationsformen wie interaktives Fernsehen, Video auf Bestellung, Teleshopping und vor allem Telearbeit ermöglichen.

Digitalisierung

Umwandlung von analogen Daten in ein 0 und 1 Speicherformat (digital). Siehe auch Binär.

Dokumenten-Sharing

Von Dokumenten-Sharing spricht man, wenn zwei Teilnehmer an ihren über ISDN verbundenen Computern dasselbe Dokument bearbeiten, wobei nur einer von den beiden Teilnehmer über die Software verfügen muß. Auf den Bildschirmen erscheint dabei die gleiche Ansicht und es können wechselseitig Veränderungen vorgenommen werden.

Downloaden

Ein Dokument oder eine Datei von einem Computer im Internet auf den eigenen Computer laden.

E

e-Mail (Abk. *electronic mail*)

Elektronische Post kann zwischen feststationierten und mobilen Computern („elektronische Briefkästen“) über Unternehmens-, Telefon- oder Funknetze verschickt werden, wobei e-Mail-Kommunikaton nur mit eigener e-Mail-Adresse möglich ist.

Explorer

Der Explorer ist der wichtigste Bestandteil des Betriebssystems Windows 95. Er ersetzte den Programm- und Dateimanager der alten Version (3.1 und 3.11) und wird in erster Linie für die Datenverwaltung benötigt.

F

Firewall

Ein Computer mit spezieller Software, der den Zugang zum Internet in ein Firmennetzwerk überwacht und unbefugten „Hackern“ (= widerrechtlicher Eindringlinge in fremde Daten) den Zutritt verwehrt. Es klingt sich in die Verbindung zum Internet ein und kontrolliert so die übertragenen Daten. Meist wird für einen Firewall ein eigener Rechner eingesetzt, über den alle Daten laufen, die vom ➜ Intranet ins ➜ Internet gehen und umgekehrt. Ohne Firewall ist ein Intranet Angriffen aus dem Internet schutzlos ausgesetzt.

FTP (Abk. *File Transfer Protocol*)

FTP ist der Name sowohl für das Protokoll (der Datenübertragung) als auch das eigentliche Programm zum Übertragen von Daten innerhalb des Internets. Nur wenn man als Benutzer eingetragen ist, kann man sich mit dem FTP im Zielrechner einloggen.

G

Gateway

Das Tor zum Internet: So nennt man den Kommunikationscomputer, der den Internetzugang handhabt.

H

Hit

Jede „Bewegung“ in einem Webdokument. Etwa durch das Downloaden eines Dokuments, das Anklicken einer Schaltfläche in ihm oder eines aktivierten Links.

Hyperlink

Verknüpfung zwischen Dokumenten im WWW. Ein Hyperlink ist optisch hervorgehoben. Klickt der Benutzer einen Hyperlink an, beispielsweise den Begriff Multimedia, erscheinen umgehend die dazugehörenden Seiten. Wo sich das Dokument befindet ist egal: Das Zieldokument auf einem beliebigen Server auf der ganzen Welt im Internet gespeichert sein.

Hypertext

Texte und auch Grafiken enthalten Verweise (links) mit denen unterschiedliche Dokumente verknüpft (sog. hypermediale Verknüpfung) sind und die es erlauben sofort, Zugriff auf ein anderes Dokument zu erhalten. Die einzelnen Seiten sind dadurch miteinander verknüpft. So kann man sehr schnell einen Text durchsehen, da man an jede beliebige Stelle springen kann.

HTML (Abk. *Hypertext markup language*)

I.d.R. der allgemein verfügbare Standard für die Darstellung von multimedialen Seiten Inhalten im ➜ WWW. Das besondere Kennzeichen von ➜ Hypertext sind die ➜ links mit denen man mittels Mausklick auf weitere Seiten zugreifen kann.

HTTP (Abk. *HyperText transfer protocol*)

Verfahren zur Erkennung und Übertragung von HTML-Dateien im ➜ Internet. HTTP gibt bei Internet-Adressen an, daß es sich um ein Angebot im ➜ WWW handelt.

I

Internet

Der weltweit größte Verbund von Computern, die über Telefonleitungen vernetzt sind. Das Internet bietet weltweit Zugriff auf mehrere tausend Computer, die alle denkbaren Arten von Informationen enthalten. Das Internet wurde ursprünglich vom amerikanischen Verteidigungsministerium als dezentrales Informationssystem entwickelt. Dann stand es lange Jahre für den Informationsaustausch zwischen Universitäten und Wissenschaftlern zur Verfügung, bis es inzwischen jedermann zur Disposition steht. Der eigentliche Zugriff auf das Netz ist auch heute noch kostenlos, aber man muß für einen Internetanschluß eine bestimmte monatliche Gebühr bezahlen.

Intranet

Als Intranet wird ein Netz bezeichnet, das unternehmensintern ist und sich der Technologie des ➜ Internets und des ➜ World Wide Webs bedient. Wegen der ähnlichen Technik lassen sich Intranets problemlos direkt oder über ein ➜ Firewall ans Internet koppeln.

ISDN (Abk. *Integrated sevice digital network*)

Telefonverbindung, die ohne ➜ Modem auskommt, da die Daten ➜ digital übertragen werden. Es wird eine Datenübertragungsrate von 64.000 Bit/s erreicht.

J

Java

Netzwerk-Programmiersprache des kalifornischen Computerherstellers Sun. Mit Java sollen Programme künftig unabhängig von Betriebssystemen über das ➜ Internet laufen können. Faszinierend ist die Möglichkeit bewegte Animationen darzustellen.

Javascript

Die Scriptsprache Javascript (von Netscape) hat mit der Programmiersprache Java nichts zu tun. Javascriptbefehle werden in den normalen HTML-Text einer Webseite integriert, sind also keine eigenständigen ➜ Applets.

L

LAN (Abk. *Local area network*)

Lokales Computernetzwerk mit einer begrenzten Anzahl gleichberechtigter Benutzer. Ein lokales Netzwerk ist ein Netzwerk, das nur an einer lokalen Stelle verfügbar ist. In einem lokalen Netzwerk besteht die Möglichkeit, Hardwarekomponenten wie Drucker, Modems oder Faxgeräte von verschiedenen vernetzten Rechnern aus zu nutzen. Diese Netzwerke stehen im Gegensatz zu den „globalen Netzwerken“, wie etwa das ➜ WWW.

Link

Eine Verknüpfung von einem Webdokument zu einem anderen oder von einer Stelle im Dokument auf eine andere. Eine Link erkennt man an einem unterstrichenen oder hervorgehobenen Wort in einer Webseite.

M

Modem

Kunstwort aus den Begriffen Modulator und Demodulator. Verbindet einen Computer mit dem analogen Telefonnetz und wandelt Tonsignale in ➔ digitale Daten um und umgekehrt.

Mosaic

Eigenständiger Browser des Onlineanbieters CompuServe.

MSN (Abk. *Microsoft Network)*

Onlinedienst von Microsoft, der mit der Einführung von Windows 95 in Betrieb genommen wurde.

Multimedia

Allgemeiner Oberbegriff für das Zusammenwirken von Sprache, Tonausgabe, Animation und Video innerhalb einer Computeranwendung. Man spricht auch von Multimedia, wenn nur zwei oder mehrere multimediale Bestandteile zusammenwirken. So gehört auch die Ausgabe von Tondateien bei bestimmten Ereignissen einer Anwendung in den Multimediabereich. Eine allgemeine Definition ist nicht möglich, da jeder Hersteller eigene Definitionen liefert, um seine Produkte mit in den Multimediamarkt einfließen zu lassen.

N

Netzwerk

Verbindung mehrerer Computer (Fileserver und Arbeitsstation) zu einem Netzwerk, durch das Daten und Programme ausgetauscht und Hardware (Drucker usw.) gemeinsam genutzt werden können. Ein Computer, der Fileserver, spielt dabei eine herausragende Rolle, weil er die gesamte Arbeit des Netzes organisiert. An den übrigen Computern, den sogenannten Arbeitsstationen, wird die eigentliche Arbeit geleistet.

Newsgroups

Diskussionsgruppen im Internet. Gegenwärtig schätzt man, daß rund 15.000 einzelne Diskussionsgruppen zu den unterschiedlichsten Themen existieren. Die Themenvielfalt ist unüberschaubar, es ist wirklich alles vertreten, worüber Menschen sich weltweit unterhalten können.

O

Onlinedienst

Angebot einer Dienstleistung für Computeranwender, die über Kommunikationsverbindungen (➜ Modem, ➜ ISDN) in Anspruch genommen werden kann. Onlinedienste sind z. B. AOL, Compuserve, T-Online. Sie bieten die Möglichkeit, e-Mail zu verschicken und Informationen abzurufen. Die meisten erlauben inzwischen auch den Zugang zum Internet (= das sogenannte ➜ Gateway).

P

PCI (Abk. *Peripheral Component Interconnect*)

Bussystem, das sich immer mehr zum Standard in der PC-Welt herauskristallisiert.

PCMCIA (Abk. *Personal Computer Memory Card International Association*)

Internationaler Zusammenschluß mehrerer Hundert Herstellerfirmen, die Standard für PC-Einsteckkarten herausgegeben haben. Mit

PCMCIA-Karten kann man mit einem Notebook Faxe senden und empfangen und sogar online gehen. Seit der Version 2.0 wurde der Name in „PC-Card" umgeändert, doch mittlerweile ist dieses Kürzelmonstrum nicht mehr loszuwerden.

Die Größe dieser PC-Karten beträgt Scheckkartenmaß, also 85,6 mal 54,0 Millimeter. Je nachdem wieviel Elektronik unterzubringen ist unterscheidet man in drei Bautypen: Typ 1 hat eine Höhe von 3,3 Millimeter, Typ 2 mißt 5 Millimeter und Typ 3 ist 10,5 Millimeter dick.

Pentium

Aktueller PC-Prozessor der Firma INTEL, der als Nachfolger des 80486 ursprünglich 80586 heißen sollte. Da die Zahlenbezeichnung in den USA nicht urheberrechtlich geschützt werden konnte, wurde er nach dem griechischen Wort penta (fünf) benannt.

Peripheriegerät

Darunter versteht man alle Geräte, die zur Umgebung des Computers dazugehören, aber kein Bestandteil sind. So zählen Drucker oder ein ➜ Modem dazu.

Plug&Play

Zu deutsch Einstecken und Ausführen. Technologie, die einem Anwender das manuelle Konfigurieren von Hardware abnimmt. Das System erkennt neue Hardware und sorgt selbständig dafür, daß sie läuft und die notwendigen Treiber installiert werden.

Protokoll

Abstimmung zweier Computer über den Standard, in dem Programme und Daten unter ihnen ausgetauscht werden sollen. Das bekannteste Protokoll ist das HyperText Transfer Protocol (➜ HTTP).

Provider

Firma, die gegen eine Gebühr den Zugang zum ➜ Internet ermöglicht. Mit zusätzlichen Diensten heben sie sich von den Onlinediensten ab. Sie bieten dem Kunden neben der Telefoninstallation die Programmierung und Gestaltung von Internetseiten an.

S

SCSI (Abk. *Small Computer System Interface*)

An eine SCSI-Schnittstelle können bis zu sieben verschiedene Geräte angeschlossen werden. Statt verschiedener Schnittstellen, nämlich für jedes Gerät eine spezielle, reicht hier eine SCSI-Schnittstelle für die üblichen Geräte aus. Bei einem SCSI-Laufwerk ist die ganze Steuerelektronik direkt auf dem Laufwerk untergebracht.

Server

Ein Server wird auch als Fileserver bezeichnet. Er ist der übergeordnete Rechner in einem Netzwerk, der bestimmte Dienste, Daten und Informationen auf die die Benutzer zugreifen wollen, zur Verfügung stellt (Fileserver = Dateien Bereitsteller).

Surfen

So nennt man im ➜ Internet das Springen von einer Seite auf die andere. Da die Seiten in der Regel mit ➜ links versehen sind, klickt (= „surft") man sich so von einem Thema zu anderen.

Shareware

Shareware ist ein weitverbreitetes Vertriebskonzept für Software. Dabei werden sogenannte „Prüf-vor-Kauf-Versionen" auf den Markt gebracht, die frei kopiert werden dürfen. Dadurch soll einem möglichen Kunden die Gelegenheit zur Überprüfung der Software für seine Verwendungszwecke gegeben werden. Um den Kaufanreiz zu steigern, werden in der Regel Einschränkungen (z.B. man kann nichts ausdrucken) in die Programme mit eingebaut. Erst mit dem Erwerb einer Lizenz erhält man uneingeschränkten Zugriff auf die Software.

T

TAPI (Abk. *Telephon Application Programming Interface*)

Programmierschnittstelle für die Integration von Telefon, Fax und „Voice-Cards" (hier werden Telefongespräche durch den PC gesteuert und aufgezeichnet) in Windowsanwendungen.

TCP/IP (Abk. Transmission Control Protocol/Internet Protocol)

TCP/IP ist das allgemein benutzte Protokoll für den Datentransport im Internet. Ein sogenanntes IP-Paket ist mit einer Absender- und einer Empfängeradresse versehen. Beide Adressen müssen in Form von sogenannten IP-Nummern angegeben werden. Die IP-Nummern bestehen aus je vier Zahlen zwischen 0 und 255, die mit einem Punkt von einander getrennt sind. Die Maximalgröße eines IP-Pakets beträgt 1500 Zeichen. Größere Einheiten müssen vorher in kleiner Einheiten aufgeteilt werden. Das TCP sorgt dafür, daß diese kleinen Einheiten auf den Zielrechner in der richtigen Reihenfolge wieder zusammengefügt werden.

Telearbeit

Unter Telearbeit versteht man die modernste aller Arbeitsformen. Mit ihrer Hilfe können Tätigkeiten, unterstützt durch modernste Informationstechnik und Kommunikationstechnik, räumlich entfernt vom Standort des Auftrag- oder Arbeitgebers durchgeführt werden.

T-Online

T-Online ist der einzige deutsche Onlinedienst. Er ist aus dem BTX (Bildschirmtext) und DATEX-J (Datentext für Jedermann) hervorgegangen. Einzig T-Online bietet über ➜ ISDN zum Ortstarif einen Zugang mit 64 kBit/s. Der große Erfolg liegt am Elektronic Banking.

U

URL

Der Uniform Resource Locator bezeichnet eindeutig den Ort eines Objekts und das ➜ Protokoll, über das es erreichbar ist. Beispielsweise bezeichnet „http://www.bma.de“ den Webserver des Bundesarbeitsministeriums, erreichbar über ➜ HTTP.

V

Video-Conferencing/Videokonferenzsystem

Kommunikationsmittel der Zukunft. Über Datenleitungen werden Bilder, Töne und Daten gleichzeitig übertragen. Per Kamera und Videokarte können Sie Ihr Gegenüber sehen und so die Vorteile der visuellen Kommunikation auch über weite Entfernungen nutzen. Daneben bietet es auch die Möglichkeit des ➜ Application- oder ➜ Dokumenten-Sharing.

Virtuelles Unternehmen

Unbefristeter Verbund selbständig operierender Unternehmen unter Ausnutzung komparativer Vorteile der Partner (Marktzugang, Ressourcen). Nach Zweckerreichung werden diese Verbunde im Regelfall aufgelöst.

W

Workstation

Ein an das Netz angeschlossener Rechner, der keine übergeordnete Aufgaben übernimmt, sondern für die Erledigung der eigentlichen Arbeit gedacht ist. Er wird auch als Arbeitsstation bezeichnet.

WWW (Abk. *World wide web*)

Der multimediale Teil des Internets. Für den wohl populärsten Dienst im Internet, benötigt man einen Webbrowser. Das WWW, auch Web genannt, ist ein weltweiter Informationsdienst, der nach dem Prinzip des ➜ Hypertext arbeitet. Die Seiten im Internet sind miteinander verbunden. In einem Textfenster kann mit der Maus auf ein bestimmtes (farbig gekennzeichnetes) Schlüsselwort anklicken und man bekommt zu diesem Stichwort weitere Informationen präsentiert. Die seitenorientierten Informationen bestehen nicht nur aus Text, sondern sind multimedial aufgebaut. Mit ihnen sind öfters Grafik-, Sound- und Videodaten verbunden, die man sich ansehen oder abspielen kann.

Z

Zentraleinheit

Unter einer Zentraleinheit versteht man je nach Zusammenhang entweder nur die CPU (Central Prozessing Unit; auch Prozessor genannt) oder den Rechner ohne die zugehörige Peripherie (Monitor, Drucker, Tastatur, etc.).

Anhang I: Checklisten

Checkliste: Was ein Unternehmer bei der Einführung von TA zu beachten hat

Schritt 1:			
Vorüberlegungen und Analysen			
Einführung von Telearbeit?	Seite	O.K.	Erl.
◆ Grobkonzept erstellen			
◆ Vorteile			
◆ Nachteile			
◆ Wirtschaftlichkeitsprüfung			
◆ Machbarkeitsprüfung			
Erstellung eines Konzeptes	Seite	O.K.	Erl.
◆ Externer Berater hinzuziehen			
◆ Mögliche Organisationsform der Telearbeit			
◆ Berufsfelder und Eignung			
◆ Betriebsrat informieren und einbeziehen			
◆ Auswahlkriterien festlegen			
◆ Technische Probleme klären			
◆ Ablauf organisieren			
◆ Geeignete Mitarbeiter aussuchen			
◆ Gespräch mit Mitarbeiter führen			

Schritt 2:			
Kosten			
	Seite	O.K.	Erl.
◆ Technik			
◆ Schulung und Ausbildung			
◆ Ausstattung des Arbeitsplatzes			
◆ Kommunikation			
◆ Wartung und Betreuung			
◆ Einmalige Kosten			
◆ Laufende Kosten			

Schritt 3:			
Häuslichen Arbeitsplatzes			
Ausgestaltung des Arbeitsplatzes	Seite	o.K.	offen
◆ ruhiger abgeschlossener Raum			
◆ ruhiger, störungsfreier Arbeitsplatz			
◆ Erreichbarkeit			
Technische Voraussetzungen	Seite	o.K.	offen
Hardwareausstattung (Stationär)			
◆ Computer			
◆ Monitor			
◆ Eingabegeräte			
◆ Software			
◆ Drucker			
◆ Scanner			

Hardwareausstattung (Mobiler Arbeitsplatz)			
◆ Computer			
◆ Zubehör			
Telekommunikation			
◆ Analoger Anschluß			
◆ ISDN			
◆ Faxmodem			
◆ ISDN-Karte			
◆ Modem			
Telekommunikation			
◆ Fotokopierer			
◆ Mobiltelefon			
◆ Faxgerät			
◆ Kombigerät (Telefon- und Faxgerät)			
◆ Anrufbeantworter			
◆ Videokonferenzsystem			
Ergonomie	Seite	o.K.	offen
◆ Ausstattung			
◆ Schreibtisch			
◆ Bürostuhl			
◆ Monitor			
◆ Tastatur			
Umfeld			
◆ Sitzposition			
◆ Bildschirmposition			
◆ Beleuchtung			

◆ Telekommunikationsanschlüsse			
◆ Ausreichend Stromanschlüsse			
◆ Ausreichend Ablageflächen			
◆ Körperhaltung			

Schritt 4:			
Organisation			
Arbeitsplatz des Mitarbeiters	Seite	o.K.	offen
◆ Geeigneter Raum für Arbeitsplatz			
◆ Geeignete Möbel vorhanden			
◆ Technische Einrichtung			
◆ Kommunikation nach außen (eMail, Fax)			
Motivation des Mitarbeiters	Seite	o.K.	offen
◆ Schulung Mitarbeiter Selbstmotivation			
◆ Schulung Mitarbeiter Organisation			
◆ Kommunikationsmöglichkeiten schaffen			

Schritt 5:			
Kommunikationswege klären			
Onlinedienst oder Provider?	Seite	o.K.	offen
◆ American Online			
◆ CompuServe			
◆ Eunet			
◆ Microsoft Network			
◆ T-Online			

◆ (Ortsansässiger) Provider			
◆ Gibt es einen örtlichen Anbieter?			

Schritt 6:			
Rechtliche Schritte abklären			
	Seite	O.K.	offen
Arbeitsrecht			
◆ Arbeitnehmerstatus klären			
◆ Ergänzende Vereinbarungen treffen			
◆ Ggf. Arbeitsverträge ergänzen oder abändern			
◆ Haftungsfragen klären			
Betriebsverfassungsrecht			
◆ Betriebsrat			
Sozialversicherungsrecht			
Gewerberecht			
Steuerrecht			
Europarecht			

Schritt 7:			
Projekt begleitende Schritte			
	Seite	o.K.	offen
◆ Erfolgskontrolle/Verbesserungs-vorschläge			
◆ Kontrolle der Effektivität			
◆ Einbindung des Mitarbeiters			
◆ Entscheidung Fortführung der Telearbeit			
◆ Ausweitung der Telearbeit			

Checkliste: Was ein Telearbeiter bei der Einführung von TA zu beachten hat.

Schritt 1:			
Vorüberlegungen			
Soziale Probleme	Seite	Ja	Nein
◆ Bringen Sie die nötige Selbstdisziplin aus?			
◆ Besteht bei Ihnen die Gefahr zum „Work-aholic“ zu werden?			
◆ Stellen Sie einen Arbeitsplan für den Tag auf und halten Sie diesen ein?			
◆ Können Sie Privat- und Berufsleben trennen?			
◆ Haben Sie Probleme mit einer zeitweisen sozialen Isolation?			

Technische Probleme	Seite	Ja	Nein
◆ Haben Sie Berührungsängste?			
◆ Steht am Ihnen bei technischen Problemen mit Rat und Tat zur Seite?			

Schritt 2:			
Einrichtung des häuslichen Arbeitsplatzes			
Ausgestaltung des Arbeitsplatzes	Seite	o.K.	offen
◆ ruhiger abgeschlossener Raum			
◆ ruhiger, störungsfreier Arbeitsplatz			
◆ Erreichbarkeit			
Technische Voraussetzungen	Seite	o.K.	offen
Hardwareausstattung (Stationär)			
◆ Computer			
◆ Monitor			
◆ Eingabegeräte			
◆ Software			
◆ Drucker			
◆ Scanner			
Hardwareausstattung (Mobiler Arbeitsplatz)			
◆ Computer			
◆ Zubehör			
Telekommunikation			
◆ Analoger Anschluß			
◆ ISDN			

◆ Faxmodem			
◆ ISDN-Karte			
◆ Modem			
Equipment	Seite	o.K.	offen
◆ Fotokopierer			
◆ Mobiltelefon			
◆ Faxgerät			
◆ Kombigerät (Telefon- und Faxgerät)			
◆ Anrufbeantworter			
◆ Videokonferenzsystem			
Ergonomie	Seite	o.K.	offen
Ausstattung			
◆ Schreibtisch			
◆ Bürostuhl			
◆ Monitor			
◆ Tastatur			
Umfeld			
◆ Sitzposition			
◆ Bildschirmposition			
◆ Beleuchtung			
◆ Telekommunikationsanschlüsse			
◆ Ausreichend Stromanschlüsse			
◆ Ausreichend Ablageflächen			
◆ Körperhaltung			

Schritt 3:			
Organisatorisches			
Organisation am Arbeitsplatz	Seite	o.K.	offen
◆ Ausreichend Freiraum?			
◆ Ablagesystem			
◆ Arbeitsplanungssystem			
◆ Regelung über familiärer Störung			
◆ Computereinsatz organisieren			
◆ Kommunikation nach außen (eMail, Fax)			
Corporate Identity (Freiberufler)	Seite	o.K.	offen
◆ Äußeres Erscheinungsbild			
◆ Telefonverhaltensregeln			
◆ Aussehen der Korrespondenz			
◆ Einheitliches Auftreten			
Motivation	Seite	o.K.	offen
◆ Positive Zielformulierung			
◆ Tagesaktivitätenplan			
◆ Kontrolle der inneren Einstellung			
◆ Kommunikationsmöglichkeiten schaffen			

Schritt 4:			
Kommunikationswege klären			
Onlinedienst oder Provider?	Seite	o.K.	offen
◆ American Online			
◆ CompuServe			
◆ Eunet			
◆ Microsoft Network			
◆ T-Online			
◆ (Ortsansässiger) Provider			

Schritt 5:			
Rechtliche Schritte abklären			
	Seite	o.K.	offen
◆ Arbeitsrecht			
◆ Betriebsverfassungsrecht			
◆ Sozialversicherungsrecht			
◆ Haftungsrecht			
◆ Mietrecht			
◆ Gewerberecht			
◆ Wettbewerbsrecht			
◆ Urheberrecht			
◆ Steuerrecht			
◆ Europarecht			

Anhang II: Paragraphen Verzeichnis

Arbeitsgerichtsgesetz

§ 5 ArbGG [Begriff des Arbeitnehmers]

(1) Arbeitnehmer im Sinne dieses Gesetzes sind Arbeiter und Angestellte sowie die zu ihrer Berufsausbildung Beschäftigen. Als Arbeitnehmer gelten auch die in Heimarbeit Beschäftigten und die ihnen Gleichgestellten (§ 1 des Heimarbeitsgesetzes vom 14. März 1951 – BGBl. I S. 191 –) sowie sonstige Personen, die wegen ihrer wirtschaftlichen Unselbständigkeit als arbeitnehmerähnliche Personen anzusehen sind. ...

(2) Beamte ...

(3) Handelsvertreter ...

Bürgerliches Recht

§ 276 **BGB** [Umfang der Verschuldenshaftung]

(1) Der Schuldner hat, sofern nicht ein anderes bestimmt ist, Vorsatz und Fahrlässigkeit zu vertreten. Fahrlässig handelt, wer die im Verkehr erforderliche Sorgfalt außer acht läßt. Die Vorschriften der §§ 827, 828 finden Anwendung.

(2) Die Haftung wegen Vorsatzes kann dem Schuldner nicht im voraus erlassen werden.

§ 618 BGB [Verpflichtung zum Treffen von Schutzmaßnahmen]

(1) Der Dienstberechtigte hat Räume, Vorrichtungen oder Gerätschaften, die er zur Verrichtung der Dienste zu beschaffen hat, so einzurichten und zu unterhalten und Dienstleistungen, die unter seiner Anordnung oder seiner Leitung vorzunehmen sind, so zu regeln, daß der Verpflichtete gegen Gefahr für Leben und Gesundheit soweit geschützt ist, als die Natur der Dienstleistung es gestattet.

Betriebsverfassungsgesetz

§ 87 BetrVG [Mitbestimmungsrechte]

(1) Der Betriebsrat hat, soweit eine gesetzliche oder tarifliche Regelung nicht besteht, in folgenden Angelegenheiten mitzubestimmen:

....

7. Regelungen über die Verhütung von Arbeitsunfällen und Berufskrankheiten sowie über den Gesundheitsschutz im Rahmen der gesetzlichen Vorschriften oder der Unfallverhütungsvorschriften;

...

§ 90 BetrVG [Unterrichtungs- und Beratungsrechte]

(1) Der Arbeitgeber hat den Betriebsrat über die Planung

...

4. der Arbeitsplätze

rechtzeitig unter Vorlage der erforderlichen Unterlagen zu unterrichten.

§ 111 BetrVG [Betriebsänderungen]

Der Unternehmer hat in Betrieben mit in der Regel mehr als zwanzig wahlberechtigten Arbeitnehmern den Betriebsrat über geplante Betriebsänderungen, die wesentliche Nachteile für die Belegschaft oder erhebliche Teile der Belegschaft zur Folge haben können, rechtzeitig und umfassend zu unterrichten und die geplanten Betriebsänderungen mit dem Betriebsrat zu beraten. Als Betriebsänderungen im Sinne des Satzes I gelten

...

4. grundlegende Änderungen der Betriebsorganisation, des Betriebszwecks oder der Betriebsanlagen,

5. Einführung grundlegend neuer Arbeitsmethoden und Fertigungsverfahren.

Gewerbeordnung

§ 34 c GewO [Makler, ...]

(1) Wer gewerbsmäßig

1. den Abschluß von Verträgen über

a) Grundstücke, grundstücksgleiche Rechte, gewerbliche Räume, Wohnräume oder Darlehen,

... vermitteln oder die Gelegenheit zum Abschluß solcher Verträge nachweisen,

2. ...

will, bedarf der Erlaubnis der zuständigen Behörde.

§ 120 a GewO [Betriebssicherheit][1]

(1) Die Gewerbeunternehmer sind verpflichtet, die Arbeitsräume, Betriebsvorrichtungen, Maschinen und Gerätschaften so einzurichten und zu erhalten und den Betrieb so zu regeln, daß die Arbeitnehmer gegen Gefahren für Leben und Gesundheit so weit geschützt sind, wie es die Natur des Betriebs gestattet.

(2) Insbesondere ist für genügendes Licht, ausreichenden Luftraum und Luftwechsel, Beseitigung des bei dem Betrieb entstehenden Staubes, der dabei entwickelten Dünste und Gase sowie der dabei entstehenden Abfalle Sorge zu tragen.

(3) Ebenso sind diejenigen Vorrichtungen herzustellen, welche zum Schutze der Arbeitnehmer gegen gefährliche Berührungen mit Maschinen oder Maschinenteilen oder gegen andere in der Natur der Betriebsstätte oder des Betriebs liegende Gefahren, namentlich auch gegen die Gefahren, welche aus Fabrikbränden erwachsen können, erforderlich sind.

(4) Endlich sind diejenigen Vorschriften über die Ordnung des Betriebs und das Verhalten der Arbeitnehmer zu erlassen, welche zur Sicherung eines gefahrlosen Betriebs erforderlich sind.

(5) Die Absätze 1 bis 4 gelten entsprechend für Versicherungsunternehmen einschließlich derjenigen Versicherungsunternehmen, die kein Gewerbe betreiben.

Handelsgesetzbuch

§ 62 HGB [Fürsorgepflicht des Prinzipals]

(1) Der Prinzipal ist verpflichtet, die Geschäftsräume und die für den Geschäftsbetrieb bestimmten Vorrichtungen und Gerätschaften so einzurichten und zu unterhalten, auch den Geschäftsbetrieb und die Arbeitszeit so zu regeln, daß der Handlungsgehilfe gegen eine Gefährdung seiner Gesundheit, soweit die Natur des Betriebs es gestattet, geschützt und die Aufrechterhaltung der guten Sitten und des Anstandes gesichert ist.

(2) ...

Heimarbeitsgesetz

§ 2 HAG [Begriffe]

(1) Heimarbeiter im Sinne dieses Gesetzes ist, wer in selbstgewählter Arbeitsstätte (eigener Wohnung oder selbstgewählter Betriebsstätte) allein oder mit seinen Familienangehörigen im Auftrag von Gewerbetreibenden oder Zwischenmeistern erwerbsmäßig arbeitet, jedoch die Verwertung der Arbeitsergebnisse dem unmittelbar oder mittelbar auftraggebenden Gewerbebetreibenden überläßt. Beschafft der Heimarbeiter die Roh- und Hilfsstoffe selbst, so wird hierdurch seine Eigenschaft als Heimarbeiter nicht beeinträchtigt.

(2) ...

§ 29 HAG [Allgemeiner Kündigungsschutz]

Das Beschäftigungsverhältnis eines in Heimarbeit Beschäftigten kann beiderseits an jedem Tag für den Ablauf des folgenden Tages gekündigt werden.

Wird ein in Heimarbeit Beschäftigter überwieden von einem Auftraggeber oder Zwischenmeister beschäftigt, so kann das Beschäftigungsverhältnis beiderseits nur mit einer Frist von zwei Wochen gekündigt werden.

Wird ein in Heimarbeit Beschäftigter überwiegend von einem Auftraggeber oder Zwischenmeister beschäftigt, so erhöht sich die Kündigungsfrist für eine vom Auftraggeber oder Zwischenmeister ausgesprochende Kündigung

auf einen Monat zum Monatsende, wenn das Beschäftigungsverhältnis fünf Jahre, auf zwei Monate zum Monatsende, wenn das Beschäftigungsverhältnis zehn Jahre und

auf drei Monate zum Ende eines Kalendervierteljahres, wenn das Beschäftigungsverhältnis zwanzig Jahre

bestanden hat. ...

(4) ...

Arbeitsförderungsgesetz

§ 55 a AFG [Gewährung von Überbrückungsgeld]

(1) Die Bundesanstalt kann Arbeitslosen bei Aufnahme einer selbständigen Tätigkeit mit einer wöchentlichen Arbeitszeit von mindestens 18 Stunden Überbrückungsgeld gewähren, wenn der Arbeitslose bis zur Aufnahme dieser Tätigkeit mindestens vier Wochen Arbeitslosengeld oder Arbeitslosenhilfe bezogen hat. Voraussetzung für die Gewährung von Überbrückungsgeld ist die Vorlage einer Stellungnahme einer fachkundigen Stelle über die Tragfähigkeit der Existenzgründung.

(1 a) Den Arbeitslosen nach Absatz 1 stehen Arbeitnehmer gleich, die vor Aufnahme der selbständigen Tätigkeit mindestens vier Wochen Kurzarbeitergeld nach 63 Abs. 4 bezogen haben oder mindestens vier Wochen in einer Maßnahme zur Arbeitsbeschaffung nach den 91 bis 96 oder in einer Maßnahme nach 249 h oder 242 s beschäftigt waren.

(2) Das Überbrückungsgeld wird grundsätzlich für 26 Wochen in Höhe des Betrages gewährt, den der Antragsteller als Arbeitslosengeld oder Arbeitslosenhilfe zuletzt bezogen hat oder in den Fällen des Absatzes 1 a bei Arbeitslosigkeit hätte beziehen können.

(3) Die Bundesanstalt gewährt Beziehern von Überbrückungsgeld auf Antrag Zuschüsse zu ihren Aufwendungen für eine Versicherung für den Fall der Krankheit sowie eine Alters-, Invaliditäts- und Hinterbliebenenversorgung (Altersversorgung). Als Zuschüsse werden die Beträge gewährt, die die Bundesanstalt für den Antragsteller zuletzt für die Zeit des Bezuges von Arbeitslosengeld oder Arbeitslosenhilfe als Beiträge zur Kranken- und Rentenversicherung entrichtet hat oder in den Fällen des Absatzes 1 a bei Arbeitslosigkeit hätte entrichten müssen.

(4) Die Bundesanstalt kann das Nähere über Voraussetzungen und Verfahren der Gewährung von Überbrückungsgeld durch Anordnung be-

stimmen. Sie kann bestimmen, ob und unter welchen Voraussetzungen ausnahmsweise das Überbrückungsgeld für eine kürzere Dauer als 26 Wochen bewilligt werden darf. Sie kann die Zuschüsse nach Absatz 3 pauschalieren.

§ **104 AFG** [Erfüllte Anwartschaftszeit]

(1) Die Anwartschaftszeit hat erfüllt, wer in der Rahmenfrist dreihundertsechzig Kalendertage in einer die Beitragspflicht begründenden Beschäftigung (§ 168) gestanden hat. Zeiten einer Beschäftigung,

1. für die kein Arbeitsentgelt gezahlt wird oder

2. die vor dem Tage liegen, an dem der Anspruch auf Arbeitslosengeld oder Arbeitslosenhilfe nach § 119 Abs. 3 erloschen ist, dienen nicht zur Erfüllung der Anwartschaftszeit. Satz 2

Nr. 1 gilt nicht für Zeiten, die jeweils vier Wochen nicht überschreiten. Bei Arbeitnehmern, die allein wegen der Besonderheiten ihres Arbeitsplatzes regelmäßig weniger als dreihundertsechzig Kalendertage im Kalenderjahr beschäftigt werden, beträgt die Beschäftigungszeit nach Satz 1 hundertachtzig Kalendertage. Näheres zur Abgrenzung des Personenkreises nach Satz 4 bestimmt das Bundesministerium für Arbeit und Sozialordnung durch Rechtsverordnung.

(2) Die Rahmenfrist geht dem ersten Tage der Arbeitslosigkeit unmittelbar voraus, an dem die sonstigen Voraussetzungen für den Anspruch auf Arbeitslosengeld erfüllt sind oder nach § 105 als erfüllt gelten.

(3) Die Rahmenfrist beträgt drei Jahre; sie reicht nicht in eine vorangegangene Rahmenfrist hinein, in der der Arbeitslose eine Anwartschaftszeit erfüllt hatte.

(4) und (5) (gestrichen)

Steuerrecht

§ **7 EStG** [Absetzung für Abnutzung oder Substanzverringerung]

(1) Bei Wirtschaftsgütern, deren Verwendung oder Nutzung durch den Steuerpflichtigen zur Erzielung von Einkünften sich erfahrungsgemäß auf einen Zeitraum von mehr als einem Jahr erstreckt, ist jeweils für ein Jahr der Teil der Anschaffungs oder Herstellungskosten abzusetzen, der bei gleichmäßiger Verteilung dieser Kosten auf die Gesamtdauer der

Verwendung oder Nutzung auf ein Jahr entfällt (Absetzung für Abnutzung in gleichen Jahresbeträgen). Die Absetzung bemißt sich hierbei nach der betriebsgewöhnlichen Nutzungsdauer des Wirtschaftsguts. Als betriebsgewöhnliche Nutzungsdauer des Geschäfts- oder Firmenwerts eines Gewerbebetriebs oder eines Betriebs der Land- und Forstwirtschaft gilt ein Zeitraum von 15 Jahren. Bei beweglichen Wirtschaftsgütern des Anlagevermögens, bei denen es wirtschaftlich begründet ist, die Absetzung für Abnutzung nach Maßgabe der Leistung des Wirtschaftsguts vorzunehmen, kann der Steuerpflichtige dieses Verfahren statt der Absetzung für Abnutzung in gleichen Jahresbeträgen anwenden, wenn er den auf das einzelne Jahr entfallenden Umfang der Leistung nachweist. Absetzungen für außergewöhnliche technische oder wirtschaftliche Abnutzung sind zulässig.

(2) Bei beweglichen Wirtschaftsgütern des Anlagevermögens kann der Steuerpflichtige statt der Absetzung für Abnutzung in gleichen Jahresbeträgen die Absetzung für Abnutzung in fallenden Jahresbeträgen bemessen. Die Absetzung für Abnutzung in fallenden Jahresbeträgen kann nach einem unveränderlichen Hundertsatz vom jeweiligen Buchwert (Restwert) vorgenommen werden; der dabei anzuwendende Hundertsatz darf höchstens das Dreifache des bei der Absetzung für Abnutzung in gleichen Jahresbeträgen in Betracht kommenden Hundertsatzes betragen und 30 vom Hundert nicht übersteigen. § 7 a Abs. 8 gilt entsprechend. Bei Wirtschaftsgütern, bei denen die Absetzung für Abnutzung in fallenden Jahresbeträgen bemessen wird, sind Absetzungen für außergewöhnliche technische oder wirtschaftliche Abnutzung nicht zulässig.

(3) Der Übergang von der Absetzung für Abnutzung in fallenden Jahresbeträgen zur Absetzung für Abnutzung in gleichen Jahresbeträgen ist zulässig. In diesem Fall bemißt sich die Absetzung für Abnutzung vom Zeitpunkt des Übergangs an nach dem dann noch vorhandenen Restwert und der Restnutzungsdauer des einzelnen Wirtschaftsguts. Der Übergang von der Absetzung für Abnutzung in gleichen Jahresbeträgen zur Absetzung für Abnutzung in fallenden Jahresbeträgen ist nicht zulässig.

Bei Gebäuden ...

---

1 Seit August 1996 Bestandteil des neuen Arbeitsschutzgesetztes

Stichwortverzeichnis

Weitere Fachliteratur

Gerhard Bernau
Mit der richtigen Informationsverarbeitung auf Erfolgskurs
Checklisten, Hilfen und Empfehlungen für Unternehmer

Jürgen Bussiek
Informationsmanagement für den Mittelstand
Erfolgspotentiale erkennen und nutzen
188 Seiten, 68,– DM

Fischer, P.
Arbeiten im virtuellen Zeitalter
Den Arbeitsplatz neu denken
220 Seiten, 68,– DM

Achim W. Feyhl / Eckhard Feyhl
Management und Controlling von Softwareprojekten
Software wirtschaftlich entwickeln, einsetzen und nutzen
260 Seiten, 84,– DM

Jürgen Fuchs (Hrsg.)
Wege zum vitalen Unternehmen
Die Renaissance der Persönlichkeit
284 Seiten, 84,– DM

Hanke, G.
Vom Chaos zum Konsens
Unternehmenskommunikation optimieren
160 Seiten, 48,– DM

Keller, L.
Das CI-Dilemma
Abschied von falschen Illusionen
2. Auflage, 156 Seiten, 68,– DM

Little, A. D. (Hrsg.)
Management erfolgreicher Produkte
184 Seiten, 78,– DM

Moore, G. A.
Das Tornado-Phänomen
Die Erfolgsstrategien des Silicon Valley und was Sie daraus lernen können
256 Seiten, 68,– DM

Zu beziehen über den Buchhandel oder den Verlag.
Stand der Angaben und Preise 1.5.1997.
Änderungen vorbehalten.